中小学生纪念日主题班会设计

谷力群　徐宝玉　主编

清華大學出版社
北　京

内 容 简 介

本书内容丰富多样，涵盖了纪念日主题的多个方面，每个主题都以生动有趣的形式呈现，让学生能够轻松理解和接受。同时，每个主题都提供了丰富的班会活动和讨论题目，以及相关的教学资源和课堂活动建议，方便教师组织开展班会教育活动。本书模块清晰，语言简洁明练，通俗易懂，适用于中小学生班会。

图书在版编目（CIP）数据

中小学生纪念日主题班会设计 / 谷力群，徐宝玉主编 . -- 北京 : 清华大学出版社，2025.5. -- ISBN 978-7-302-69080-1

Ⅰ . G635.5

中国国家版本馆 CIP 数据核字第 2025EG4103 号

责任编辑：刘思含
封面设计：傅瑞学
责任校对：赵琳爽
责任印制：宋　林

出版发行：清华大学出版社
　　　网　　址：https://www.tup.com.cn，https://www.wqxuetang.com
　　　地　　址：北京清华大学学研大厦 A 座　　　邮　　编：100084
　　　社总机：010-83470000　　　　　　　　　　邮　　购：010-62786544
　　　投稿与读者服务：010-62776969, c-service@tup.tsinghua.edu.cn
　　　质量反馈：010-62772015, zhiliang@tup.tsinghua.edu.cn
印　装　者：北京鑫海金澳胶印有限公司
经　　销：全国新华书店
开　　本：185mm×260mm　　　印　　张：11　　　字　　数：203 千字
版　　次：2025 年 5 月第 1 版　　　　　　　　印　　次：2025 年 5 月第 1 次印刷
定　　价：39.90 元

产品编号：103284-01

序

　　谷力群教授带领的团队编写的《中小学生纪念日主题班会设计》即将在清华大学出版社出版,该书内容丰富、涵盖面广、可操作性强,为广大中小学教师提供了扎实的理论基础和科学的班会课程设计指南。

　　2012年,党的十八大将"立德树人"确立为教育的根本任务,恰逢其时,北京师范大学资深教授林崇德带领全国的研究团队通过多维度的研究方法,建构了中国学生发展核心素养体系总框架,标志着中国教育改革进入了一个新阶段,即教育改革的"3.0时代"。作为一套有系统规划设计、指向21世纪育人目标的体系,中国学生发展核心素养的建构具有非常重要的意义和价值,它从多个途径和多个角度引导整个教育系统的变革:指导课程改革、指导教学实践、引导学生学习、指导教育评价。它不仅有助于落实立德树人的根本目标,也为课程改革和育人模式变革提供了方向,有助于提升"大思政课"的教育质量和效果。我有幸参与了研发的过程,同时也结合了我们团队长期研究儿童、青少年健全和创造性人格的成果。"核心素养"的丰富完善和最终落实,需要来自教育系统内外社会各界的共同努力,这是一个不断推进和层层落实的复杂过程。《中小学生纪念日主题班会设计》基于核心素养体系的总框架应运而生,旨在以班会课堂为重要的教育载体,为中小学教师提供一套行之有效的班会方案,有效提高班会课堂的利用率,促进学生的全面发展,切实地落实核心素养。

　　班会课堂是基础教育中一个独特的存在,它不仅是我国学生集体活动的场所,更是学生自我教育、自我管理的重要平台。通过班会,学生可以树立集体意识,促进身心发展,培养良好习惯。然而,在现实教学中,班会往往容易被忽视,甚至被误用,这浪费了教育资源和教育的良机,而《中小学生纪念日主题班会设计》正好为中小学教师提供了很好的抓手。

　　谷力群教授主编的这本书具有以下三个特点。

　　一是理论性和本土性的统一。这本书以中小学生核心素养为基础,从核心素养的三大方面、六个维度和十八个具体内容出发,设计了符合新课标、理论根基深厚的主题。其目标是培养全面发展的人,不仅关注知识的传授,更注重必备品格和关键能力的培养,以适应社会和终身发展的需要。班会本身也是我们国家基础教育中特有的活动,大多数活动的素材都源于中华民族的传统文化。

二是思想性和实践性的统一。这本书是落实"核心素养"的一个尝试，以"一个主题多个实操案例"为特色，班会主题与国家教育方针相一致，提供了丰富的班会主题和实操案例，以满足不同学龄段的教学需求。书中提供了详尽案例，辅以课程设计理念与方法的介绍，助力班会的高质量开展，既有思想性又有实践性。

三是文字和数字化的统一。目前 90 后和 00 后已经成为中小学教师中的骨干力量，为了适应他们的教学特点，也为了节约教师们的时间，这本书与时俱进，突出了内容的前沿性和使用手段的数智化，不仅提供文字材料，还配套了丰富的多媒体资源，包括视频、PPT 等。

教育是一项系统工程，需要我们不断地探索和实践。《中小学生纪念日主题班会设计》的出版，是对基础教育事业的一份贡献。我相信，这本书的出版，能够激发更多的教育工作者落实核心素养体系，提高基础教育教师对学生心理发展规律的认识，共同推动我国教育事业的发展。

刘文

中国心理学会认定的心理学家

世界学前教育组织（OMEP）中国委员

中国社会心理学会常务理事

中国心理学会理事

中国教育学学校教育心理学分会常务理事

前　言

2022年4月21日，教育部发布《义务教育课程方案和课程标准（2022年版）》。此次修订强调"知识与技能、过程与方法以及情感态度与价值观"三位一体的课程功能，提倡考虑学生在主题活动中完成学习任务，获得知识和解决问题的能力，亲历实践、探究、体验、反思、合作、交流等深度学习、体验式学习过程。目前，国家关注学生的全面发展和健康成长。学校作为教育主阵地，要与时俱进，更新教育理念，增强课程的综合性、实践性，实现育人方式的变革，着力发展学生的核心素养。在课程设计中，班会课堂是一个非常值得研究和开发的领域。但班主任对主题班会缺乏研究和实践，接触少，用得少，往往把班会课上成了自习课、家长会或联欢会，浪费了主题班会这个让学生进行自我教育的好机会，也丢失了主题班会这个最有力的教育工具。为此，我们编写了本书。

传统节日和纪念日中往往沉淀着中华民族最精深的文化与理念，是进行思想教育的好时机，比如教师节、中华人民共和国国庆节、父亲节、母亲节、八一建军节、七一建党节、学雷锋纪念日等。

本书内容丰富、模块清晰，涵盖了纪念日主题的多个方面，每个主题都以生动有趣的形式呈现，让学生能够轻松理解和接受。同时，每个主题都提供了丰富的班会活动和讨论题目，以及相关的教学资源和课堂活动建议，方便教师组织开展班会教育活动。

本书语言简洁明练，通俗易懂，适用于中小学生班会。

我们真诚希望本书能够为教师提供有力的支持和指导，帮助他们更好地对学生进行思想教育，培养学生的爱国、爱党、爱家等各种精神和社会责任感。

编　者
2025 年 2 月

扫码获取图书配套资源

目　录

第一章　走近春节，感受传统

春节是中国最重要的传统节日，它不仅仅是一个节日，更是中华文化的重要组成部分。它代表着团圆、祥和与美好的祝愿。在春节期间，家家户户都会张灯结彩，欢庆新春的到来。我们也会贴春联、吃团圆饭、放鞭炮、拜年等，这些都是我们从小就熟悉的习俗。

今天，就让我们一起更深入地了解这些习俗的由来和意义，感受传统文化的独特魅力。

春节，象征着新的一年的开始。在这个喜庆的时刻，家家户户张灯结彩，欢声笑语此起彼伏。与春节有关的文化有很多，不仅有各种各样的习俗和传统，还有许多优美的诗词与之相伴。这些诗词不仅描绘了春节的喜庆氛围，更传承了中华民族的文化精髓。以下是部分描写春节的诗词，请大家仔细阅读，认真感受这些诗词背后蕴含的情感。

1. "爆竹声中一岁除，春风送暖入屠苏。"——宋·王安石《元日》
2. "万物迎春送残腊，一年结局在今宵。"——宋·戴复古《除夜》
3. "昨夜斗回北，今朝岁起东。"——唐·孟浩然《田家元日》
4. "北风吹雪四更初，嘉瑞天教及岁除。"——宋·陆游《除夜雪》
5. "乡心新岁切，天畔独潸然。"——唐·刘长卿《新年作》
6. "十年旧梦无寻处，几度新春不在家。"——宋·吴文英《思佳客·癸卯除夜》
7. "莺啼燕语报新年，马邑龙堆路几千。"——唐·皇甫冉《春思》
8. "不求见面惟通谒，名纸朝来满敝庐。"——明·文徵明《拜年》
9. "明年岂无年，心事恐蹉跎。"——宋·苏轼《守岁》
10. "陪都歌舞迎佳节，遥祝延安景物华。"——近代·董必武《元旦口占用柳亚子怀人韵》

互动交流 1　春节起源的故事

相传，古时候有一种叫"年"的怪兽。它的身体异常庞大，面目狰狞，异常凶猛。

在很多神话传说中，每年除夕之夜，年兽都会从海底爬上岸，对村庄里的牲畜和人们展开残忍的猎食。

年复一年，村庄的人们都生活在恐惧之中。每当除夕夜来临，村里的居民们都会扶老携幼，逃往深山，以躲避年兽的猎食。他们深知，如果不逃离，很可能会成为年兽的下一个猎物。

有一年的除夕夜，村庄外来了一个乞讨的老人。他衣衫褴褛，背着一个破旧的包裹，看上去非常疲惫。他看到乡亲们纷纷逃往深山，脸上露出了困惑的神情。只有村东头的老婆婆给了他一些食物，并劝他赶紧上山躲避年兽。

老人摸了摸自己的长胡子，对老婆婆说："婆婆，如果您让我在这个家里待一夜，我一定会把年兽赶走。"老婆婆看着他，眼神中充满了担忧。她知道年兽的威力，也清楚这个乞讨老人可能无法与之抗衡。于是，她继续劝说老人上山躲避，但老人却笑而不语。夜幕降临，村民们都已经逃往深山。整个村庄变得空荡荡的，只有村东头的那个小屋还亮着微弱的灯光。那是老婆婆的家，也是那位乞讨老人的临时栖身之所。

半夜时分，年兽如期而至。它瞪着一双血红的大眼睛，口中流着口水，咆哮着冲进了村庄。然而它发现在村东头，那个熟悉的老婆婆家门前，燃着烛火，贴着红纸。屋内的烛光透过窗户映照出来，显得格外明亮。年兽低吼了一声，缓缓靠近老婆婆的家。然而，就在它即将到达门口的时候，院内突然传来了一阵震耳欲聋的炸响声。爆炸的火光和响声让年兽浑身一颤，它感到一股前所未有的恐惧袭来。

原来，乞讨老人并没有吹牛，他真的知道如何驱赶年兽。他用红纸和烛火吓退了年兽，还用炸响声震慑了它。这一夜，年兽没有进村。

第二天清晨，村民们纷纷从深山返回村庄。他们看到村庄安然无恙，都感到十分惊讶。当他们得知是那位乞讨老人驱赶了年兽时，都对他感激涕零。

从此以后，每年的除夕夜，村民们都会按照老人的方法挂起红灯笼、贴上红对联、燃放鞭炮来驱赶年兽。渐渐地，这个风俗越传越广，逐渐形成了如今的春节习俗。

1. 教师请学生说一说，还知道哪些关于春节起源的其他传说。
2. 教师让学生选择一个自己感兴趣的传说，以角色扮演的形式，与小组成员一起还原传说的内容，随后其他学生可以进行品评，以此来加深学生对春节的理解。

评 析

春节不仅仅是一个传统的节日，更是一个富有意义的时刻。在春节期间，无论人们身在何处，都会尽量回家与家人团聚，共度佳节。这种团聚的氛围，让人们感受到家的温暖和亲情的可贵。同时，春节也是一个新的开始，教师可以引导学生珍惜每一个时刻，努力实现自己的梦想；提醒学生在新的一年里，做一个有目标、有梦想、有爱、努力奋斗的人。

扩展习题

1. 春节是中国的传统节日，它通常是在农历的（　　）庆祝。
   A. 正月　　　　　　　B. 二月　　　　　　　C. 三月　　　　　　　D. 五月

2. 传说春节最初是为了驱赶一个怪兽，人们张灯结彩，放鞭炮。这个怪兽是（　　）。
   A. 龙　　　　　　　　B. 麒麟　　　　　　　C. 年　　　　　　　　D. 乌龟

3. 以下哪个选项不是春节的习俗？（　　）
   A. 贴春联　　　　　　B. 放鞭炮　　　　　　C. 守岁　　　　　　　D. 吃粽子

4. 春节的历史很悠久，它起源于（　　）时期年头岁尾的祭神、祭祖活动。
   A. 秦朝　　　　　　　B. 殷商　　　　　　　C. 明朝　　　　　　　D. 宋朝

5. 王安石的诗中"千门万户曈曈日，总把新桃换旧符"的"桃符"是（　　）的
原始形式。
   A. 窗花　　　　　　　B. 红包　　　　　　　C. 春联　　　　　　　D. 福字

   答案：A C D B C

互动交流 ②　春节的传统习俗

有一个叫可可的小男孩，他的家乡有着丰富的春节传统习俗，其中可可最喜欢的就是贴春联和包饺子。

春节前夕，可可和爷爷一起买回了红纸和墨水。他们小心翼翼地将红纸铺在桌子上，然后开始写春联。可可虽然年纪小，但他的字写得非常工整，他写下了"迎春接福"的横批。爷爷则写下了"家和万事兴，国泰民安康"的对联。写完后，他们一起将春联贴在门框上，整个家里顿时充满了喜庆的氛围。

除了贴春联，包饺子也是春节的传统习俗之一。可可的奶奶早早地准备好了饺子皮和馅料。可可和家人围坐在一起，开始包饺子。可可学着大人的样子，将馅料放在饺子皮中间，然后小心翼翼地将皮对折，用手指捏紧边缘。虽然他包的饺子形状不太规整，但爷爷奶奶还是夸赞他做得很好。包完并煮好饺子后，一家人围坐在餐桌旁，品尝着美味的饺子。可可觉得这是他吃过的最美味的饺子，因为这里面有家的味道、爱的味道。

在春节期间，可可还学会了制作平安符。他和家人一起准备红纸和红绳，将红纸折成三角形，然后用红绳将它们绑在一起。在平安符里，他们放入了一些硬币和糖果，寓意着祝福和好运。

最后，可可和家人一起参加了村里的庙会。庙会上有各种小吃摊位和手工艺品摊位。他们品尝了各种美食，购买了一些纪念品，留下了美好的回忆。

1. 教师请学生进行小组讨论，说一说还知道哪些春节的习俗，各个地方又有哪些特色习俗，并派代表发言。

2. 请学生结合相关资料（如中国传统节日视频等），说一说春节为什么要发红包，其寓意是什么。

3. 教师组织一个有关春节习俗的连连看小游戏，教师提前准备好有习俗名称和图片的卡片，让学生将习俗名称和对应图片连线（如"年夜饭"要与对应的年夜饭图片连线），以此来加深学生对春节习俗的记忆。

评析

春节拥有丰富的文化内涵和习俗。这些习俗不仅是人们庆祝新年的方式，更是中华文化传承的重要载体。通过这些习俗，学生可以感受到家的温暖和亲情的深厚，也可以传承中华民族的优秀传统文化。学生了解春节习俗的意义不仅在于庆祝新年，更在于弘扬中华文化的精神和价值，让中华文化的瑰宝代代相传。

扩展习题

1. 吃饺子是过年的重要习俗，北方包饺子时会放（　　　）进去，寓意财源广进、福气满满。

    A. 糖果   B. 硬币   C. 坚果   D. 芝麻

2. "腊月二十四，掸尘扫房子"，这说的是（　　　）习俗。这一习俗寄托着人们破旧立新的愿望和辞旧迎新的祈求。

    A. 贴窗花   B. 放鞭炮   C. 扫尘   D. 做腊八粥

3. 春节有一种传统饮食，"义取年胜年，籍以祈岁稔"，寓意万事如意年年高。这种食品是（　　　）。

    A. 春卷   B. 饺子   C. 元宵   D. 年糕

4. 新年的前一夜，就是旧年的腊月三十夜，也叫（　　　）。

    A. 除夕   B. 元宵   C. 初一   D. 十五

答案：B　C　D　A

互动交流 3 　春节的美食

璐璐是一个好奇心旺盛的小学生，对世界充满了好奇和探索的欲望。春节来临之际，她对春节的传统饮食产生了浓厚的兴趣，决定跟随家人一同参与春节美食的制作。

春节前夕，璐璐和家人一起准备年货。在热闹的市集上，璐璐看到一个摊主正在包饺子。她好奇地问妈妈："妈妈，我们春节为什么要吃饺子？"妈妈笑着告诉她："因为它的形状像元宝，寓意着财富和好运。"璐璐听后，兴奋地说："我想学包饺子！"

在妈妈的指导下，璐璐认真地学着包饺子。虽然她的饺子形状并不完美，但她乐在其中，体验着包饺子的乐趣。包完饺子后，全家人围坐在一起，一边聊天一边煮饺子。当热腾腾的饺子端上桌时，璐璐尝了一口，顿时觉得这是世界上最好吃的食物。她感受到了家的温暖和春节的喜悦。

除夕当晚，璐璐和家人一起看春晚，享受美食。除了饺子，桌上还摆满了各种美味佳肴，如鱼、年糕、丸子等。每道菜都有它独特的寓意和故事。

正当大家准备享用美食时，璐璐突然想起了奶奶说过的一句话："吃饭时要等家里长辈先动筷子。"她立刻提醒大家，等待长辈先动筷子。这一餐，大家吃得格外温馨和谐。饭后，璐璐向奶奶请教了年糕的寓意。奶奶告诉她："年糕寓意着年年高升，希望家里的孩子们都能健康成长，学习进步。"听了奶奶的话，璐璐心里暖暖的，她更加珍惜和家人共度的美好时光。

春节期间，璐璐还和家人一起制作了汤圆。汤圆寓意着团圆和美满。在制作过程中，大家互相协作，其乐融融。当香甜可口的汤圆端上桌，全家人围坐在一起品尝时，璐璐感受到了家的温暖和幸福。

除了饺子、年糕和汤圆，春节期间还有许多特色美食。有一天，璐璐和家人来到了一家特色的年货市场。这里热闹非凡，摊位上的年货琳琅满目。在一家卖糖果的小摊前，璐璐被五颜六色的糖果吸引住了。她好奇地问老板："这些糖果有什么特别的寓意吗？"老板笑着告诉她："这些糖果寓意着甜蜜和幸福。人们在新年期间吃糖果，是希望在新的一年里生活甜甜蜜蜜。"

除了糖果，市场上还有许多其他特色小吃，如炸春卷、八宝饭等。每一种美食都有它独特的故事和寓意。在品尝这些美食的过程中，璐璐对春节的文化内涵有了更深刻的理解。

1. 请学生说一说，各自的家乡有什么特别的春节美食，它们有怎样的寓意。
2. 请学生以小组讨论的形式，说一说最喜欢春节的哪一种传统美食，理由是什么。
3. 教师可提前准备有关春节美食的谜语，如"外形像元宝，味道香又美"等，让学生以小组为单位抢答，回答正确最多的小组可获得奖励。

评析

春节的传统美食不仅是一种味觉的享受，更是一种文化的传承和情感的纽带。在春节这个重要的节日里，家人们团聚在一起，品尝着各式各样的传统美食，寓意着团圆、幸福和美好。这些美食不仅代表着家的味道，更承载着家的温暖和亲情的牵挂。在品尝美食的过程中，人们不仅品味到了食物的美味，更感受到了家的温馨和幸福。

扩展习题

1. 年夜饭也叫"团圆饭""合家欢"。除夕的年夜饭是中国人最为看重的家庭宴会。年夜饭上会出现（　　　），寓意着"年年有余""富贵有余"。

    A. 鱼 　　　　　B. 鸡爪 　　　　　C. 牛肉 　　　　　D. 鸭肉

2. 除夕夜是两年相交于"子时"，意寓"交子"。后来人们就把"交子"时吃的这种美食谐音称为（　　　）。

    A. 汤圆 　　　　　B. 饺子 　　　　　C. 年糕 　　　　　D. 春卷

3. 饺子是中国传统美食，下列哪个不是饺子的别名？（　　　）

    A. 角子 　　　　　B. 匾食 　　　　　C. 娇耳 　　　　　D. 浮元子

4. 以下哪种传统美食寓意生活甜蜜年年高？（　　　）

    A. 春卷 　　　　　B. 糍粑 　　　　　C. 年糕 　　　　　D. 汤圆

5. "小孩小孩你别馋，过了腊八就是年"，在腊八节这一天，人们会（　　　）。

    A. 吃茶叶蛋 　　　B. 喝腊八粥 　　　C. 吃灶糖 　　　　D. 吃饺子

答案：A B D C B

互动交流 4　春节的民俗活动

在远离城市喧嚣的乡村，有一位名叫阿兰的小女孩。阿兰生活的小村庄有着深厚的文化底蕴，每年都会举办盛大的庙会。这天，阿兰早早地起床，穿上她最漂亮的裙子，因为村子里的庙会即将开始。

庙会上热闹非凡，熙熙攘攘的人群中，各色小摊贩的叫卖声此起彼伏。阿兰瞪大了眼睛，好奇地看着这一切。她先来到糖画摊前，那位老爷爷手艺娴熟，用糖浆画出了一只只栩栩如生的小动物。阿兰买了一个糖画蝴蝶，小心翼翼地舔了舔，甜甜的味道在口腔里四溢，她觉得这就是幸福的味道。

接着，阿兰走近了一个卖传统民间工艺品的摊位。这里摆满了五颜六色的布艺玩具、绣花手帕和各种精美的剪纸。她对一条绣花手帕特别感兴趣，手帕上绣着一朵盛开的牡丹，颜色鲜艳、绣工精细。阿兰心想，如果妈妈看到这个手帕，一定会非常高兴。于是，她决定买下这个手帕作为给妈妈的礼物。

走着走着，一阵敲锣打鼓声吸引了阿兰的注意。她顺着声音走去，来到了一个表演舞台前。舞台上，身着华丽服饰的舞者们正在表演传统的狮子舞，他们动作矫健、神态威猛，仿佛真的狮子出现在人们面前。观众们纷纷鼓掌叫好，阿兰也看得目不转睛。她心想，如果自己也能像他们一样在舞台上表演，那该多好呀！

突然，阿兰的耳边响起了轻快的旋律，原来是村里的小乐队开始演奏了。她随着音乐的节拍跳起了欢快的舞蹈，感觉自己像一只轻盈的蝴蝶在空中飞舞。

逛完庙会，阿兰又回到了热闹非凡的糖画摊前。老爷爷正在给一个小男孩画糖画小猪。看到这一幕，阿兰想起了自己的弟弟。她想："弟弟一定会喜欢这个糖画小猪的。"于是，她决定给弟弟也买一只糖画小猪作为礼物。

在回家的路上，阿兰一直沉浸在庙会的欢乐中。她想着自己见到的各种新奇事物，心中充满了愉悦和幸福。回到家里，阿兰迫不及待地向妈妈分享了她在庙会上的所见所闻。

夜幕降临，阿兰躺在床上回想今天的经历。她觉得今天不仅仅是一个普通的庙会日，更是她收获成长与幸福的一天。在梦里，阿兰看见自己在舞台上翩翩起舞，手中的绣花手帕和糖画小猪在灯光下闪闪发光……

教师请学生说一说，还知道哪些春节的传统民俗活动，这些民俗活动有什么特色。

评析

在春节期间，人们会进行各种各样的活动，如逛庙会、舞龙舞狮、拜年等，这些活动蕴含着人们对新一年的美好期望和祝福。学生通过学习这些民俗活动，能够增进亲情、友情和乡情等情感联系，增强民族凝聚力和文化认同感。同时，这些活动也促进了经济和社会发展，为人们带来了欢乐与祥和的氛围。

扩展习题

1. 以下哪一项不属于春节的民俗活动？（　　　）

　　A. 舞龙舞狮　　　　　B. 逛庙会　　　　　C. 划龙舟　　　　　D. 游神

2. 春节期间，"福"字为什么要倒着贴？（　　　）

　　A. 寓意"福到了"，讨个吉利　　　　B. 为了阅读方便

　　C. 为了装饰好看　　　　　　　　　D. 必须这样贴

3. 过年期间，人们为什么要拜年？（　　　）

　　A. 为了收到红包　　　　　　　　　B. 为了展示自己的才艺和技能

　　C. 为了走出家门　　　　　　　　　D. 为了互相表达美好祝愿，恭贺新年

答案：C　A　D

第二章　正月十五闹元宵

元宵节是中国传统节日之一，也是新年中第一个月圆之夜。这个节日承载着中华民族深厚的历史文化底蕴，寄托着人们对团圆和美好生活的向往。

今天，让我们通过一系列丰富多彩的活动，共同体验元宵节的独特魅力以及中华文化的博大精深和源远流长。

下面是一些有关元宵节的诗句，请大家一边朗读一边思考，这些诗句表达了诗人对元宵节怎样的情感，并选出最喜欢的一句。

1. "去年元夜时，花市灯如昼。"——宋·欧阳修《生查子·元夕》

2. "火树银花合，星桥铁锁开。"——唐·苏味道《正月十五夜》

3. "月色灯山满帝都，香车宝盖隘通衢。"——唐·李商隐《观灯乐行》

4. "元宵佳节，融和天气，次第岂无风雨。"——宋·李清照《永遇乐·落日熔金》

5. "千门开锁万灯明，正月中旬动帝京。"——唐·张祜《正月十五夜灯》

6. "凤箫声动，玉壶光转，一夜鱼龙舞。"——宋·辛弃疾《青玉案·元夕》

7. "五更钟动笙歌散，十里月明灯火稀。"——宋·贺铸《思越人·紫府东风放夜时》

8. "袨服华妆着处逢，六街灯火闹儿童。"——金·元好问《京都元夕》

9. "听元宵，今岁嗟呀，愁也千家，怨也千家。"——明·王磐《古蟾宫·元宵》

10. "望千门如昼，嬉笑游冶。"——宋·周邦彦《解语花·上元》

互动交流 1　元宵节起源的传说

很久以前，大地上生活着各种各样的凶禽猛兽。这些猛兽非常残忍，经常四处伤害人和牲畜，给人们带来了无尽的恐惧和痛苦。人们不得不组织起来，一起去打猎，试图消除这些威胁。

一天，一只美丽的神鸟从天上飞过，不慎迷了路，降落到了人间。这只神鸟全身羽毛五彩斑斓，十分美丽。然而，一位猎人将它当作普通的鸟类，误杀了它。

天帝知道这件事后非常生气，他觉得这是对天神的侮辱。于是，他决定对人类进行一次严厉的惩罚。天帝命令天兵于农历正月十五日到人间放火，将所有的人和牲畜烧死，让所有的财产化为灰烬。

这个消息传到了天帝的女儿那里，她是一个心地善良的天神。她无法忍受无辜的人们受苦，于是决定冒着生命危险，偷偷来到人间，把这个可怕的消息告诉人们。

人们听到了这个消息后，都感到十分惊恐和无助。他们不知道该如何应对这场灾难，也不知道该如何逃脱死亡的命运。在这个关键时刻，一位老人家站了出来。他告诉大家不要惊慌失措，要冷静应对。他建议大家在正月十四、十五、十六这三天里，家家户户都张灯结彩、点响爆竹、燃放烟火。这样一来，天帝就会以为所有人都已经被烧死了，从而打消惩罚人类的念头。

人们听了老人家的话，都纷纷行动起来，开始准备灯笼、烟花和爆竹。在正月十五的夜晚，人们点燃了所有的灯笼和烟花，燃放了无数的爆竹。一时间，整个天空都被五彩斑斓的烟火和灯笼照亮了。响声震天，热闹非凡。

到了正月十五这天，天帝从天上往下看，以为那些火光和响声都是天兵放的火和燃烧的火焰声，心中十分满意和高兴。于是，他打消了继续惩罚人类念头，让人们逃过了一劫。

为了纪念这个成功逃脱灾难的日子，人们把正月十五定为元宵佳节。每年的这一天，家家户户都会挂起灯笼、燃放烟火、点响爆竹，以示庆祝和纪念。

请学生以小组的形式，先进行有关元宵节的资料准备，然后分组讨论，互相分享元宵节还有哪些不同的起源传说。

评析

元宵节是一个团圆和祈愿的节日，家人和亲朋好友会聚在一起，赏花灯、猜灯谜、吃汤圆等，共同感受节日的氛围和快乐，祈求家人平安、幸福美满、万事如意。教师应引导学生理解，元宵节不仅是一个传统节日，更是一种文化的传承和精神的寄托。

扩展习题

1. 元宵节又称（　　）。
　　A.中秋节　　　　B.中元节　　　　C.上元节　　　　D.岁节
2. 元宵节在哪一天？（　　）
　　A.农历正月初一　B.农历正月十五　C.农历五月初五　D.农历九月初九
3. 元宵节起源故事之一的"纪念平吕"与哪位皇帝有关？（　　）
　　A.汉文帝　　　　B.汉武帝　　　　C.秦始皇　　　　D.汉高祖

4. 下列选项中，哪一个故事与元宵节起源有关？（　　　）

A. 屈原投江　　　　B. 牛郎织女　　　　C. 神鸟传说　　　　D. 嫦娥奔月

5. 元宵节最早可追溯到（　　　）。

A. 宋朝　　　　　　B. 汉朝　　　　　　C. 明朝　　　　　　D. 清朝

答案：C　B　A　C　B

互动交流 ② 元宵节的美食

在一个小村庄里，住着一个名叫小可的小男孩。小可生活得很快乐，最令他兴奋的就是一年一度的元宵节。这不仅是因为元宵节有许多有趣的活动，更是因为他在那天可以吃到最爱的食物——奶奶做的汤圆。

元宵节那天，小可早早地起床，迫不及待地跑向厨房，等着奶奶开始制作汤圆。奶奶的汤圆是用糯米粉做的，馅料有红豆、芝麻和花生，吃起来口感丰富，甜而不腻。小可每次都要一口气吃上好几个，直到肚子圆滚滚的。

有一年元宵节，小可问奶奶："奶奶，您做的汤圆为什么这么好吃？"

奶奶笑着说："因为这汤圆的馅料是用心做成的。"

"用心？"小可不太明白。

奶奶解释道："用心就是对家人、对生活的热爱和关心。你知道吗？小可，每一个汤圆都代表着一个美好的愿望。吃了汤圆，就能在新的一年里健康、快乐、平安。"

小可听后若有所思，他明白了奶奶做的汤圆不仅仅是一种美食，更是一种祝福和希望。

时间过得很快，小可长大了，离开了家乡去城市里工作。每年的元宵节，他都会想起奶奶做的汤圆，想起那个充满温馨和快乐的家。

有一年，小可决定回到家乡过元宵节。他特意提前回家，想给奶奶一个惊喜。当他走进家门时，一股熟悉的味道扑鼻而来——是奶奶做的汤圆！

小可兴奋地跑进厨房，看到奶奶正在忙碌着。他抱住奶奶说："奶奶，我好想您！想念您做的汤圆！"

奶奶笑着拍拍他的背："傻孩子，我就知道你会这么说。"

那天晚上，小可和奶奶一起做了很多汤圆。他们一边聊天一边包汤圆，不时传出阵阵笑声。小可告诉奶奶他在城市里的生活和工作，而奶奶则给他讲了许多村里的趣事。

元宵节那天晚上，村庄里热闹非凡。家家户户都挂起了灯笼，孩子们追逐嬉戏，大人们则围坐在一起聊天、赏月。小可和奶奶也端着汤圆来到村子的广场上，加入了这个欢乐的聚会。广场上的人们都非常欢迎小可，纷纷走过来和他聊天、送上祝福。小可也给大家分享了他在城市里的一些经历和见闻。当大家品尝着小可和奶奶一起做的汤圆时，都纷纷称赞味道非常好。

这个晚上，小可感到非常幸福和满足。他明白了无论身在何处，家的温馨和亲情的牵挂永远是最重要的。他决定以后每年都要回家过元宵节，和奶奶一起做汤圆，感受传统的美好和亲情的快乐。

1. 教师请学生举手回答，元宵节都有哪些美食，不同学生的家乡又有哪些不一样的特色美食。
2. 请学生以小组讨论的形式，说一说北方的元宵和南方的汤圆有什么区别。
3. 教师可以安排一个与元宵节美食有关的小游戏。例如，可以准备不同食物的谜语，让学生根据谜面猜出与元宵节有关的食物，看看哪些学生能够答得又快又准。

评析

元宵节是中国的传统节日，而元宵节的饮食也蕴含着特殊的意义。在这个节日里，人们通常会吃汤圆，它代表着团圆和幸福。因为"圆"字与"团圆""圆满"相契合，而"汤圆"与"团圆"字音相近，寄托着人们对家庭团圆、生活美满的向往和期盼。除了汤圆，还有一些地方会吃元宵、饺子、年糕等，每一种食物都代表着不同的意义和祝福。

扩展习题

1. 人们在元宵节通常会吃的食物是（　　　）。
   A. 月饼　　　　　　　B. 元宵或汤圆　　　C. 粽子　　　　　　　D. 馒头
2. 在北方，人们过元宵节通常会吃（　　　）。
   A. 汤圆　　　　　　　B. 年糕　　　　　　C. 包子　　　　　　　D. 元宵
3. 汤圆的原料是（　　　）。
   A. 糯米粉　　　　　　B. 玉米粉　　　　　C. 淀粉　　　　　　　D. 小麦粉
4. 汤圆古时又称（　　　）。
   A. 交子　　　　　　　B. 浮元子　　　　　C. 粽籽　　　　　　　D. 月团
   答案：**B D A B**

互动交流 3　元宵节的习俗

今天是农历正月十五，一年一度的元宵节又到了。听说今晚的南湖公园还有热闹的灯会，阿力一家打算去看灯展、猜灯谜。吃过晚饭，阿力就迫不及待地催着爸爸妈妈带他去南湖公园。

到了南湖公园，首先映入眼帘的是一座用花灯装饰的大拱桥，五光十色，十分耀眼。桥下的水面也有各种各样的彩灯，看得阿力眼花缭乱。水面上还有几只栩栩如生的白鹤形象的彩灯，水上其他的彩灯有的像翩翩起舞的蝴蝶，有的像威武的公鸡，还有的像凶猛的鲨鱼。看完了水上的彩灯，他们随着人流来到了"七彩世界"大型灯展区。展区内有各种各样的彩灯，有"吉祥如意""双喜临门""富贵牡丹""龙凤呈祥"等，千姿百态，惟妙惟肖。其中，"龙凤呈祥"最受大家的欢迎，因为它不仅颜色艳丽，而且会动，吸引了不少游客。

接着他们又来到了"梦幻天宫"灯展区。"梦幻天宫"里有仙女散花、嫦娥奔月、八仙过海等神话故事彩灯。这些彩灯不仅惟妙惟肖，而且还会动，引得很多人围观拍照。阿力也和这些美丽的彩灯合了影。

然后爸爸妈妈带着阿力来到了举办灯谜活动的广场。广场上已经聚集了许多人，大家都在议论纷纷，等待着活动的开始。阿力兴奋地东张西望，期待着猜灯谜的环节。

终于，活动开始了。村里的大人们准备了各种各样的灯谜，用彩纸写好后贴在五颜六色的灯笼上。阿力看到一个灯谜，上面写着："身穿红绿彩绸，住在万国九洲，来了人人知道，去时官府难留。"他想了想，突然灵光一闪，答案脱口而出："锦鸡。"大人们都夸他聪明，阿力高兴得脸都红了。

接着，阿力又看到了一个有趣的灯谜："一物真新鲜，头大尾巴尖，平时不干活，吃饭抢第一。"这个灯谜让阿力琢磨了好一会儿，最后他猜出答案是"饭勺"。看着自己的答案被大家肯定，阿力心里乐开了花。阿力和其他孩子们兴高采烈地猜着灯谜，不时传来他们的欢声笑语。大人们也积极参与其中，与孩子们一起分享猜灯谜的乐趣。

公园的元宵节活动结束后，阿力回到家想着今天的经历，心中不禁感慨万分。他觉得这个元宵节过得特别有意义，不仅欣赏到了美丽的灯展，而且学习到了有关元宵节的知识。

1. 教师向学生提问：元宵节为什么要看灯、放烟火？为什么要猜灯谜？为什么要挂灯笼？各个活动有什么不同的寓意？
2. 教师提前准备若干灯谜，让学生进行有奖竞猜，并说一说灯谜的来源和历史发展等。

评析

元宵节的传统民俗活动是中华文化的重要组成部分。这些活动与古代的祭祀、驱邪仪式有关。经过千百年的传承和发展，它们已经成为中华文化中不可或缺的一部分。教师应在学生了解元宵节传统活动时，引导学生发现这些活动背后具有的深刻的文化内涵。例如，赏花灯是一项非常有特色的活动，各式各样的花灯不仅美观大方，而且寓意深刻。猜灯谜，是一项富有智慧的活动，不仅可以锻炼思维能力，还可以增加人们对中华文化的了解。同时，这些活动还为人们提供了一个交流和互动的平台，让大家在欢乐祥和的氛围中增进友谊、促进情感交流。

扩 展 习 题

1. 元宵节最具代表的习俗活动是（   ）。
    A. 赏花灯   B. 赛龙舟   C. 爬山   D. 打鼓
2. 元宵节期间，人们通常会（   ）。
    A. 祭祖、扫墓、吃粽子   B. 看电影、逛街、吃烧烤
    C. 吃元宵、赏花灯、猜灯谜   D. 赛跑、游泳、打篮球
3. 燃放烟花时应该注意的是（   ）。
    A. 点燃烟花后，应立即返回安全位置
    B. 烟花可以在室内燃放
    C. 儿童燃放烟花无须成人陪同
    D. 易燃易爆物品附近可以燃放烟花
    答案：**A C A**

互 动 交 流 4   各地的元宵节习俗

小方是一名来自湖北孝感的学生,他所在的班级上了一堂主题为"感受元宵的魅力"的民俗文化课,课上,同学们就元宵节的传统习俗展开了讨论。

这时,小方自信地说:"我家乡的元宵节习俗,你们肯定没见过！"同学们纷纷好奇,小方的家乡到底有什么特殊的元宵节习俗。

原来,湖北孝感有一种独特的元宵节习俗,名为"杨店龙灯"。

据小方说,湖北孝感地区一直有龙舞文化。而杨店龙灯则是湖北孝感地区龙舞文化中的佼佼者,因其龙头巨大又被称为杨店高龙,是湖北省特色的传统民俗文化之一。

人们每年从腊月开始着手用竹篾、彩纸扎龙头和龙尾,并将它们与龙身连接以组成一条完整的龙灯。龙头与龙尾均呈典型的"S"形。杨店龙灯的制作过程,是在继承祖辈积累的传统工艺上,对以前的扎制工艺进行了改进。由于选料考究、制作精细,龙灯的色彩艳丽、姿态灵动、栩栩如生。

杨店镇号称"龙灯之乡",全镇有一百多条龙灯,几乎每个村、每个湾都有舞龙的习俗。与其他地方的舞龙习俗有所不同的是,杨店龙灯讲究礼节。当某条龙灯遇到另一条龙灯的时候,这两条龙灯都要双双敬礼,表示友好与欢迎。两条龙灯在舞龙之前、舞龙之后也要相互敬礼,龙灯对着香案、庙宇亦是如此。龙灯敬礼时,龙头朝下呈 90 度。

听完小方的讲述,同学们都大为震惊,原来湖北竟然有这样一个独特的习俗。

这时,老师说道:"是的,在我国,元宵节不仅有我们熟知的传统习俗,各地更是有许多不同的风俗习惯。"紧接着,老师又向同学们展示了其他地区的元宵节习俗,如

贵州烧蝗虫、安徽荡秋千、四川放天灯等。听完老师的介绍，同学们纷纷感叹我国的风土人情是如此的多样和丰富。

通过这次课堂学习，同学们不仅学习到了元宵节的相关知识，而且了解了各地的不同风俗，小方更是宣传了自己的家乡特色，让更多人了解到了自己的家乡。

1. 教师让学生在小组内讨论，说一说还知道什么各地独有的元宵节习俗。

2. 教师向学生提问：为什么会出现同一个节日不同地区有不同习俗的现象？请同桌互相讨论并发言。

3. 教师准备写有不同地区和不同民俗的卡片，有请同学上台将地区和习俗匹配，以小组为单位计算成绩，最后选出成绩最高的一个小组进行奖励。

评 析

同一个元宵节，各地却有不同的民俗习惯，这是因为中国地域辽阔，民族众多。不同地区的人们在长期的生活实践中，形成了各自独特的文化传统和习俗。这些习俗不仅体现了当地人的生活特点和价值观，也反映了不同地区的历史、地理、经济和文化背景。这些差异不仅促进了中国的文化多样性，也使得每个地区都有着独特的魅力和特色。教师应引导学生尊重和保护各地的民俗习惯，让这些特色习俗在传承中不断发展创新，为中华民族的文化繁荣作出贡献。

扩 展 习 题

1. 元宵节有"烧蝗虫"习俗的是（　　　）。
   A. 河北省　　　　　B. 湖南省　　　　　C. 北京市　　　　　D. 贵州省

2. "杨店高龙"是湖北省哪个地区的特色民俗文化？（　　　）
   A. 孝感　　　　　　B. 武汉　　　　　　C. 宜昌　　　　　　D. 襄阳

3. 元宵节灯会有两大"霸主"，一是哈尔滨冰灯，二是（　　　）。
   A. 陕西伴灯馍　　　B. 自贡彩灯　　　　C. 北京上元灯会　　D. 安徽挑灯笼

4. 元宵节又被称为（　　　）节。
   A. 汤圆　　　　　　B. 龙　　　　　　　C. 灯　　　　　　　D. 百花

5. 赏花灯作为元宵节的传统活动，一般在（　　　）进行。
   A. 早晨　　　　　　B. 中午　　　　　　C. 夜晚　　　　　　D. 黄昏

答案：D A B C C

第三章　恒实学雷锋，道德树新风

"人的生命是有限的，可是，为人民服务是无限的。"这句话出自雷锋，一个伟大的共产主义战士。这句话也一直激励着许多人，让人们明白人生的意义在于奉献。今天，就让我们一起走进学雷锋纪念日，一起了解最美奋斗者——雷锋，重温他的精神，理解他的伟大，学习他的优秀品质吧。

下面是雷锋曾经说过的一些名言，这些名言历经多年依旧激励着许多人无私地为人民服务，请同学们有感情地阅读以下句子，用心体会雷锋在说出这些话时的内心情感，感受他言语之间的奉献精神。

1. "一滴水只有放进大海里才永远不会干涸，一个人只有当他把自己和集体事业融合在一起的时候才能最有力量。"——雷锋

2. "一朵鲜花打扮不出美丽的春天，一个人总是单枪匹马，众人才能移山填海。"——雷锋

3. "我们是国家的主人，应该处处为国家着想。"——雷锋

4. "人的生命是有限的，可是，为人民服务是无限的，我要把有限的生命，投入到无限的为人民服务之中去。"——雷锋

5. "对待同志要像春天般的温暖，对待工作要像夏天一样火热，对待个人主义要像秋风扫落叶一样，对待敌人要像严冬一样残酷无情。"——雷锋

6. "青春啊，永远是美好的，可是真正的青春，只属于这些永远力争上游的人，永远忘我劳动的人，永远谦虚的人。"——雷锋

7. "力量从团结来，智慧从劳动来，行动从思想来，荣誉从集体来。"——雷锋

8. "在工作上，要向积极性最高的同志看齐，在生活上，要向水平最低的同志看齐。"——雷锋

9. "一块好好的木板，上面一个眼也没有，但钉子为什么能钉进去呢？这就是靠压力硬挤进去的，硬钻进去的。由此看来，钉子有两个长处：一个是挤劲，一个是钻劲。我们在学习上，也要提倡这种'钉子'精神，善于挤和善于钻。"——雷锋

10. "一个人的作用，对于革命事业来说，就如一台机器上的一颗螺丝钉。机器由于有许许多多的螺丝钉的连接和固定，才成了一个坚实的整体，才能够运转自如，发挥它巨大的工作能力。螺丝钉虽小，其作用是不可估计的。我愿永远做一颗螺丝钉。"——雷锋

互动交流 1 雷锋的人生历程

1940 年的冬天，雷锋（原名雷正兴）出生在湖南长沙雷锋镇的一户农家。他家境贫寒，亲人相继离世，不满 7 岁的他就沦为了孤儿。在六叔公和六叔奶奶的照顾下，他艰难地生活着。

尽管命运多舛，但雷锋从未放弃。湖南解放时，他曾向路过的解放军连长表达了当兵的愿望，虽然没有得到立刻同意，但连长送给他一支钢笔，鼓励他继续努力。

随着时间的推移，雷锋逐渐长大。1950 年，他成为儿童团的团长，积极参与土地改革。他的心中始终有一个参军的梦想，1959 年 12 月 9 日，他在《矿报》上发表了《我决心应召》的申请书，表达了他坚定的决心。

然而，由于一些原因，雷锋未能如愿入伍。但他并没有放弃，最终在 1960 年 1 月 7 日晚，他如愿参军入伍。

在部队里，雷锋展现出了出色的才能和坚定的信念。他被分配到运输连当驾驶员，很快就成了一名合格的汽车驾驶员。他总是第一个到达岗位，第一个完成任务。1960 年 8 月，雷锋参与了上寺水库抢险救灾工作，连续奋战七天七夜，表现突出，被团党委记三等功一次。他平时生活节俭，却把省下的钱捐给了人民公社和辽阳受灾的地区。部队对他进行了表彰，团党委还决定树立他为"节约标兵"。

然而，就在 1962 年 8 月 15 日上午 8 时，一场意外事故夺走了雷锋年轻的生命。当时他和战友乔安山正准备去洗车，雷锋下车指挥倒车时，车轮打滑导致一根晾衣服的木杆倒下，砸中了他的左太阳穴。虽然战友们立即将他送往医院抢救，但不幸的是，他最终在中午 12 时 5 分离世，年仅 22 岁。

1. 教师让学生以小组的形式，讨论雷锋都经历了哪些困难，他又是如何克服这些困难的，并派代表发言。
2. 请学生说一说，雷锋是个什么样的人，他身上有什么样的品质。

评析

雷锋说过："人的生命是有限的，可是，为人民服务是无限的，我要把有限的生命，

投入到无限的为人民服务之中去。"而雷锋也用了他的一生践行这句话。雷锋勤劳踏实，乐于助人，不畏艰险，无私奉献。他在平凡的工作中为社会主义、共产主义事业奉献自己的力量。这是中国共产党人精神谱系的光辉一页，是社会主义核心价值观的生动体现。通过学习他的生平经历，学生要树立以雷锋为榜样的思想意识。

扩展习题

1. 雷锋原名为（　　）。
   A. 雷正兴　　　　　B. 雷鸣　　　　　C. 雷雨田　　　　　D. 雷克
2. 雷锋出生于（　　）。
   A. 1950 年　　　　B. 1940 年　　　　C. 1955 年　　　　D. 1960 年
3. 下列选项中，哪一项不是雷锋曾从事过的岗位？（　　）
   A. 通讯员　　　　　B. 鞍钢工人　　　　C. 推土机手　　　　D. 炊事班士兵
4. 雷锋因公殉职的年龄是（　　）。
   A. 23 岁　　　　　B. 22 岁　　　　　C. 30 岁　　　　　D. 25 岁
   答案：A B D B

互动交流 2　雷锋的事迹

1960 年 8 月，中国辽宁省抚顺市遭受了一场罕见的洪水灾害。这个城市，曾经是雷锋同志的驻地，正在面临着巨大的挑战。就在这危急时刻，雷锋所在部队——运输连，接到了抗洪抢险的紧急命令。

雷锋，这个年轻的战士，虽然刚刚参加完救火行动，手部被烧伤，但他丝毫没有退缩。他深知军人的职责和使命，毅然决定加入抗洪抢险的队伍。他与战友们一起，奋战在抗洪一线，不畏艰险，不惧困难。

他们连续七天七夜坚守在抚顺市的上寺水库大坝上。这期间，雷锋忍着手部的疼痛，坚持在泥泞中工作，手指甲被弄破了也毫不在意。他的英勇行为和奉献精神，令战友们深受感动。

在这场抗洪抢险的战斗中，雷锋表现出了顽强的毅力和坚定的信念。他的出色表现被上级领导看在眼里，记在心里。因此，团党委给他记了一次三等功，这是对他无私奉献和英勇行为的最大肯定。

与此同时，望花区召开了一场声势浩大的大生产号召动员大会。雷锋正好在街上办事，看到了这个场面。他深感祖国建设的重要性，决定为国家的繁荣昌盛贡献自己的一分力量。他毫不犹豫地取出存折上的 200 元钱，这些钱是他平时在工厂和部队里一点一滴积攒下来的。

雷锋来到望花区党委办公室，要将这 200 元钱捐献出来。接待他的同志看到雷锋如此情深意切，实在无法拒绝。于是，他们决定收下其中的一半，即100元。

而另外的100元，在辽阳遭受百年不遇洪水的时候，雷锋毫不犹豫地捐献给了辽阳人民。

在这场自然灾害中，辽阳人民遭受了巨大的损失。雷锋得知消息后，心中十分牵挂。他毫不犹豫地将自己的积蓄全部捐献出来，希望能够帮助辽阳人民渡过难关。他的举动感动了无数人，也让人们看到了一个年轻战士的担当和奉献精神。

1. 教师可让学生说一说，雷锋在抗洪救灾中表现出了哪些优秀品质。
2. 请学生举手回答，雷锋是在什么情况下决定捐出200元钱的。
3. 学生可以组织小组讨论，讲一讲雷锋还有哪些值得学习的事迹。讨论过后，各小组派代表上台写出雷锋的事迹，看看哪个小组写得又多又准。

评 析

雷锋是一位伟大的共产主义战士，他的事迹是人们学习的榜样。雷锋的事迹告诉学生，一个人可以平凡而伟大，他用自己的实际行动诠释了什么是真正的奉献和无私的爱。学习他的事迹能让学生深刻认识到，在面对困难和危险时，应该勇敢地站出来，为国家和人民贡献自己的力量。雷锋将自己的积蓄无私地捐献给灾区人民，这是一种高尚的道德情操。他始终坚持为人民服务的宗旨，用自己的实际行动践行社会主义核心价值观。

扩 展 习 题

1. 雷锋曾经想将自己的存款捐出去（　　　）。
　　A. 100元　　　　　　B. 200元　　　　　C. 300元　　　　　　D. 400元
2. 下列哪一项不是雷锋的事迹？（　　　）
　　A. 积极参与抗洪救灾　　　　　　B. 利用业余时间参加志愿活动
　　C. 经常帮助老人　　　　　　　　D. 从未捐过款
3. 雷锋经常参与各种社会公益活动，他的行为给周围的人带来了温暖和正能量。以下哪个选项最能描述雷锋的这种行为？（　　　）
　　A. 自私自利　　　B. 损人利己　　　C. 乐于助人　　　D. 冷漠无情
4. 雷锋有一句名言："人的生命是有限的，可是，为人民服务是无限的，我要把有限的生命，投入到无限的为人民服务之中去。"这句话表明他是怎样看待生命和为人民服务的？（　　　）
　　A. 生命是短暂的，要及时行乐　　　B. 生命是有意义的，要为人民谋福利
　　C. 生命是宝贵的，要珍惜个人利益　　D. 生命是无关紧要的，不必在意

答案：B　D　C　B

互动交流3　后世纪念雷锋的方式

　　周末的早晨，多多兴奋地迎来了一个特别的学校活动——参观雷锋纪念馆。对多多来说，雷锋是一位令人敬仰的英雄，他一直想更深入地了解这位英雄。

　　一大早，多多穿上整洁的校服，佩戴着鲜艳的红领巾，迫不及待地来到学校。在老师的带领下，他和同学们乘坐大巴车一同前往雷锋纪念馆。

　　一路上，多多和同学们谈论着关于雷锋的种种事迹，他们都知道雷锋是一位伟大的英雄，但对具体的细节和背后的故事却了解不多。多多内心充满了好奇和期待，他希望能够通过这次参观，更深入地了解雷锋的生平事迹和精神品质。

　　到达目的地后，多多和同学们在讲解员的引领下踏进了展馆。展馆内陈列着雷锋生前的照片、遗物，还有他的事迹介绍，每一件展品都诉说着一个感人至深的故事。

　　在展馆的一个角落里，多多看到了一本泛黄的日记本。那是雷锋的日记本，上面记录着他的成长经历和心路历程。多多仔细观看着日记本，认真地阅读起来。他发现雷锋不仅乐于助人，而且充满智慧和思想。

　　在展馆内，多多还看到了许多关于雷锋的文物和资料。有雷锋曾经用过的生活用品，有他的军装和奖章，还有他写给家人的信件。每件物品都充满了历史的痕迹，让多多更加深入地了解了雷锋的生平和精神品质。

　　参观结束后，多多和同学们回到学校。他们在课堂上分享了自己的感受和收获。多多激动地说："我要向雷锋叔叔学习，做一个有爱心、有奉献精神的好少年。"其他同学也纷纷表示要向雷锋叔叔学习，传承他的精神。

　　自那天起，多多变得更加关心集体、乐于助人。他经常参加学校的志愿服务活动，帮助需要帮助的人。他还经常和同学们一起探讨如何更好地传承雷锋精神，为社会作出自己的贡献。

1. 教师通过图片、视频等方式向学生展示有关雷锋的纪念品，如纪念馆内的展品、发行的雷锋纪念邮票等，请学生说一说这些展品给人留下了怎样的印象。
2. 教师请同桌之间互相讨论，设立雷锋纪念馆和学雷锋纪念日有怎样的意义。

评析

　　无论是设立学雷锋纪念日、建立雷锋纪念馆还是其他纪念方式，都是对雷锋同志的缅怀和悼念，更是对中华民族优秀品质的传承和弘扬。这些纪念方式是为了让人们更好地学习和传承雷锋精神，让更多的人加入志愿服务的行列中来，共同建设一个更加美好的社会。雷锋精神的内涵包括无私奉献、助人为乐、为人民服务等方面。这些精神对于学生来说都是非常重要的，可以帮助学生更好地实现自己的价值和意义。

扩展习题 ✍

1. 学雷锋纪念日是每年的（   ）。
   A. 3 月 1 日   B. 3 月 10 日   C. 3 月 5 日   D. 4 月 5 日
2. 雷锋于（   ）年因公殉职。
   A. 1960   B. 1962   C. 1955   D. 1966
3. 雷锋最著名的一句名言是（   ）。
   A. 我为人人，人人为我
   B. 人生自古谁无死，留取丹心照汗青
   C. 世上无难事，只怕有心人
   D. 人的生命是有限的，可是，为人民服务是无限的
4. 1963 年 1 月 7 日，中华人民共和国国防部命名雷锋生前所在班为（   ）。
   A. 雷锋班   B. 雷正兴班   C. 钉子班   D. 雷锋连
5. 1963 年，（   ）为雷锋题词："向雷锋同志学习"。
   A. 刘少奇   B. 朱德   C. 毛泽东   D. 周恩来
   答案：**C B D A C**

互动交流 ④   设立学雷锋纪念日的原因

　　小李是一名学生，他是个特别善良、乐于助人的孩子。有一天，他在学校发现了一本记载雷锋日记的书，小李好奇地翻开这本书，开始阅读。

　　日记的每一页都记录着雷锋的点滴事迹，他帮助老人、照顾孩子、无私奉献的故事深深打动了小李。小李决定要向雷锋学习，去帮助更多需要帮助的人。

　　第二天，小李在学校里主动帮助一位同学打扫卫生，他不怕脏、不怕累，直到教室变得干净整洁。他还帮助老师搬运教材，为同学们服务。小李的行为得到了老师和同学们的赞扬，他们都夸他是个"小雷锋"。

　　小李并没有因此而骄傲自满，他知道自己还有很多不足之处，需要不断地学习和进步。于是，小李开始每天写日记，记录自己的点滴成长和感悟。他在日记中写道："我要像雷锋一样，做一个无私奉献、乐于助人的人。我要用自己的力量去帮助别人，让这个世界变得更美好。"

　　渐渐地，小李的身边聚集了一批志同道合的小伙伴。他们一起参与社区的公益活动，帮助需要帮助的人。他们为老人送去温暖、为同学送去关爱、为环卫工人送去问候。他们用自己的实际行动践行着雷锋精神，让更多的人感受到了爱与温暖。

　　一天，学校组织了一次学雷锋演讲比赛。小李主动报名参加了比赛，他在演讲中

分享了自己的日记和助人为乐的经历。他的演讲真实感人、充满力量，赢得了全校师生的热烈掌声和评委的高度评价。最终，小李获得了比赛的一等奖。

小李在领奖台上激动地说："谢谢大家对我的支持和鼓励。我会继续努力，用自己的力量去帮助更多的人。"

回到家中，小李把获得的奖状贴在了墙上。他看着墙上的奖状和雷锋日记，心里充满了感激和敬仰，暗暗下定决心要更加努力。

从此以后，小李变得更加努力和认真。他不仅在学习上取得了优异的成绩，还积极参与各种社会实践活动和志愿服务活动。他的身影经常出现在社区、敬老院、孤儿院等地方，为需要帮助的人们送去温暖和关爱。

1. 教师向学生提问：雷锋精神都包括哪些内容？
2. 请学生以小组讨论的形式，说一说雷锋为什么会受人尊敬和爱戴。
3. 请学生说一说，在现代社会中，是否还需要学习雷锋精神，并说出理由。

评析

雷锋的事迹和精神一直影响着人们。设立学雷锋纪念日是为了更好地弘扬雷锋精神，让更多的人了解和学习雷锋无私奉献、为人民服务的精神，激发人们对社会公益事业的关注和参与热情，推动社会的进步和发展。通过学习雷锋精神，学生能够更加清晰地认识到自己所肩负的历史使命和社会责任，从而树立正确的人生目标和价值追求。

扩展习题

1. 下列关于雷锋精神的描述，正确的是（　　）。
   A. 雷锋精神只适用于成年人，与中小学生无关
   B. 雷锋精神只是关心和帮助他人的表现
   C. 雷锋精神体现了中华民族的传统美德和价值观
   D. 雷锋精神只关注个人利益，不考虑他人
2. 设立学雷锋纪念日的主要目的是（　　）。
   A. 让人们更好地玩耍和放松　　B. 鼓励人们追求时尚和潮流
   C. 鼓励人们追求个人利益　　D. 弘扬雷锋精神，传承中华民族优秀文化
3. 学雷锋纪念日的意义在于（　　）。
   A. 学习雷锋的事迹和精神　　B. 参加志愿服务活动
   C. 获得相应的报酬　　D. 了解社会公益事业的重要性
4. 学雷锋纪念日提醒我们（　　）。
   A. 向雷锋学习，帮助他人，做一个有道德的人

B. 多看漫画和多玩游戏

C. 多为自己谋取个人利益

D. 对需要帮助的人视而不见

5. 雷锋说："对待同志要像春天般的温暖，对待工作要像夏天一样火热"，这告诉我们应该（　　　）。

A. 只在春天和夏天做好事　　　　B. 努力工作，助人为乐

C. 只对自己熟悉的人友好　　　　D. 忽视与身边人的团结协作

答案：C D A A B

互动交流 5　　学习并践行雷锋精神

　　小蒙是一名小学五年级的学生，他是个热心肠的孩子，总是愿意帮助别人。有一天，小蒙听老师讲述了雷锋的故事，他深受感动，下定决心要向雷锋学习，成为一名"小雷锋"。

　　从那天起，小蒙每天都在努力践行雷锋精神。他在学校里帮助同学解决学习上的难题，帮老师擦黑板；在公交车上主动给老人和孕妇让座；在公园里捡拾垃圾，保护环境。他的行为得到了老师和同学们的赞扬，也感染了身边的人。

　　有一天，小蒙在回家的路上，看到一位老爷爷不小心摔倒了。周围的人们都在看热闹，没有人上前帮忙。小蒙立刻跑过去，扶起了老爷爷。老爷爷感激地说："谢谢你，小朋友，你真是个好孩子！"小蒙心里乐开了花，他觉得自己就像雷锋一样，能够帮助别人，给别人带去温暖和快乐。

　　渐渐地，小蒙发现自己的行为也影响了身边的人。他的同学和朋友们也开始主动帮助别人，关心他人。他们成立了"学雷锋小组"，一起到社区里做志愿者，一起去看独居老人，与留守儿童做朋友。他们还一起参加环保活动，清理街道垃圾，宣传环保知识。

　　在学校里，"学雷锋小组"也得到了老师们的支持和鼓励。他们开展了丰富多彩的活动，如"雷锋故事会""雷锋精神演讲比赛"等。同时，小蒙和"学雷锋小组"的同学们还制订了一份详细的计划，定期开展各种学雷锋活动，不断扩大影响力。他们还自发组织了一个"雷锋精神宣讲团"，到各个班级和社区进行宣讲，让更多的人了解雷锋精神，激发大家学习雷锋的热情。同学们更加深入地了解了雷锋精神的意义和价值，也更加坚定了自己践行雷锋精神的决心。

　　通过弘扬雷锋精神，小蒙和他的同学们不仅实现了自我成长，还影响和改变了周围的人。他们用实际行动践行着雷锋精神，让更多的人感受到了关爱与温暖。

1. 教师向学生提问：作为学生，你们是如何理解雷锋精神的，又该如何践行雷锋精神？

2. 请学生以小组讨论的形式，讲一讲在生活中践行雷锋精神的具体事例，并派代表分享。

3. 雷锋精神接力棒小游戏：将学生分组，小组之间互相匹配，给每个小组发一张纸条，上面写着需要帮助另一小组做的事情，如"为同学讲解一道难题""帮助同学整理书籍"等，各小组在规定时间内完成任务后，派代表发言，说一说在任务过程中的感受和收获。

评析

雷锋精神的核心是助人为乐，学习这种精神可以让学生更加关注他人的需要，主动去帮助那些需要帮助的人。在生活中践行雷锋精神，能够让社会变得更加美好，能够培养学生的责任感和担当精神，让学生更加关注社会的进步和发展。通过帮助别人，学生自己也可以获得满足感和幸福感。

扩展习题

1. 当你坐在公交车上时，看到老人站着，以下哪种做法最符合雷锋精神？（　　　）
　　A. 低头玩手机，不理会老人　　　　　B. 立即起身给老人让座
　　C. 让别人给老人让座　　　　　　　　D. 嫌弃老人

2. 在学校里，看到同学受伤了，以下哪种做法最能体现雷锋精神？（　　　）
　　A. 嘲笑同学　　　　　　　　　　　　B. 关心同学，帮助他处理伤口
　　C. 假装没看见，继续做自己的事情　　D. 让其他同学帮助他，自己逃避

3. 在日常生活中，践行雷锋精神最重要的是（　　　）。
　　A. 做自己想做的事情，不管别人的感受
　　B. 追求个人利益，脱离集体
　　C. 尊重他人，关心他人，乐于助人
　　D. 只追求自己的目标，不关心他人

4. 践行雷锋精神的好处是（　　　）。
　　A. 让自己感到快乐和满足　　　　　　B. 让别人对自己产生不满和反感
　　C. 让自己的生活变得更加困难　　　　D. 让自己的亲人感到失望和伤心

5. 在践行雷锋精神的过程中，以下哪种做法是不正确的？（　　　）
　　A. 主动帮助需要帮助的人　　　　　　B. 在公共场所大声喧哗、吵闹
　　C. 保持环境整洁，不乱扔垃圾　　　　D. 不歧视他人，尊重他人

答案：B B C A B

第四章　文明祭祀，扮靓家园

　　清明节，是中国的传统节日，也是我们缅怀先人、表达敬意的时刻。在这个特殊的日子里，我们不仅要纪念逝去的亲人，而且要传承和弘扬中华优秀传统文化，树立文明、安全、环保的祭祀理念。

　　今天，就让我们了解清明节的发展历程、传统习俗、饮食习惯等多个方面的知识，共同讨论在保留传统、尊重习俗的基础上，如何文明地过清明节。

　　下面是描写清明节的诗句，请同学们仔细阅读，理解诗句中的含义，试着说一说这些诗词的作者都通过怎样的意象来描写清明节，这其中又蕴含了怎样的情感。

1. "佳节清明桃李笑，野田荒冢只生愁。"——宋·黄庭坚《清明》

2. "清明时节雨纷纷，路上行人欲断魂。"——唐·杜牧《清明》

3. "几多情，无处说，落花飞絮清明节。"——唐·魏承班《渔歌子·柳如眉》

4. "残寒销尽，疏雨过、清明后。"——宋·李之仪《谢池春·残寒销尽》

5. "最愁人，啼鸟清明，叶底青圆。"——宋·吴文英《高阳台·落梅》

6. "海角天涯，寒食清明，泪点絮花沾袖。"——宋·吴文英《花心动·柳》

7. "野棠花落，又匆匆过了，清明时节。"——宋·辛弃疾《念奴娇·书东流村壁》

8. "待把酒送君，恰又清明后。"——宋·何梦桂《摸鱼儿·记年时人人何处》

9. "六曲阑干偎碧树，杨柳风轻，展尽黄金缕。"——五代·冯延巳《鹊踏枝·清明》

互动交流 1　清明节的发展历程

　　在中国，流传着一个关于清明节的故事，这个故事讲述了清明节从古至今的发展历程。

　　清明节最早只是一种节气，提醒农民进行春耕春种，后来逐渐与寒食节、上巳节的习俗融合，形成了如今的清明节。

　　寒食节与清明节原本相距不远，随着时间的推移，两者逐渐融合。到了唐代，清明节与寒食节正式合二为一，形成了一个以祭祖扫墓为主的节日。唐代的清明节不仅是祭祖的日子，还融入了上巳节的踏青活动。上巳节原本是一个以"被除畔浴"为主要内容的节日，人们在这一天结伴去水边沐浴，以求健康。唐代的清明节，人们会在这一天扫墓祭祖，然后结伴踏青，享受春天的气息。

宋代，清明节的习俗更加丰富。朝廷明文规定，从寒食至清明三日，各阶层均须祭扫陵墓。除了扫墓，人们还会放风筝、荡秋千。放风筝不仅是娱乐活动，还被认为可以放走疾病和秽气。荡秋千则是一种培养勇敢精神的游戏。

明清时期，清明节的习俗进一步发展。人们不仅在这一天祭祖扫墓，还会进行植树活动。植树不仅是为了纪念祖先，也象征着生命的延续和对自然的敬畏。

到了现代社会，清明节的意义和形式也在不断演变。除了传统的祭祖扫墓，人们还倡导生态祭祖、网络祭祖等新型方式。这些变化不仅体现了社会的进步，也展现了人们对传统文化的传承和创新。

这个故事告诉我们，清明节不仅仅是一个祭祖扫墓的节日，它还承载着丰富的文化内涵和历史意义。从寒食节的禁火冷食，到上巳节的踏青游乐，再到现代的生态祭祖，清明节在历史的长河中不断演变，但其核心价值——对祖先的敬仰和对生命的敬畏——始终不变。

1. 请学生进行小组讨论，说一说清明节是如何演变至今的，讨论过后派代表上台写出清明节发展历程的时间线。
2. 教师向学生提问，清明节和寒食节有什么相似之处和不同之处，二者为什么能相结合。
3. 教师提前准备若干关于清明节的问题，请学生分组作答，正确率最高的小组可适当奖励。

评 析

通过了解清明节的演变历程，学生可以更好地学习清明节的相关知识，更好地认识中国的优秀传统文化，思考如何更好地传承和弘扬中华民族的优秀传统文化。因此，教师应引导学生认真学习和了解清明节的文化内涵和历史渊源，让这一传统节日得到更好的传承和发展。

扩展习题

1. 据传说，寒食节是为纪念（　　　）而设立的。
   　A. 屈原　　　　　　B. 杜甫　　　　　　C. 介子推　　　　　D. 李白
2. 为什么寒食节的习俗后来被纳入清明节？（　　　　）
   　A. 因为寒食节的习俗和清明节相似且日期相近

B. 因为寒食节和清明节都在春天

C. 因为介子推是清明节的创始人

D. 因为清明节比寒食节更有意义

3. 寒食节在清明节前（　　　）。

A. 五到六日　　　　B. 三到五日　　　　C. 一到两日　　　　D. 七日

4. 清明节的习俗主要是（　　　）。

A. 赛龙舟　　　　　　　　　　B. 包粽子

C. 放烟花、赏花灯　　　　　　D. 祭祖

答案：C　A　C　D

互动交流②　清明节的习俗

在一个小村庄里，生活着一群快乐的孩子。其中，阿铭和阿力是一对兄弟。每年清明节，村里的大人都会带着孩子们去扫墓、踏青、放风筝。

清明节那天，阿铭和阿力早早地起床，穿上整洁的衣服，带上供品和扫墓工具，向山上出发。到达祖坟后，阿铭和阿力与小伙伴们一起动手，清理杂草，擦拭墓碑。他们为祖先献上鲜花、果品，然后恭敬地鞠躬行礼。

祭扫结束后，孩子们来到一片开阔的草地，开始了踏青活动。他们尽情地奔跑、玩耍，感受大自然的清新与美好。

午后，阿铭和阿力拿出准备好的风筝，与小伙伴们一起放风筝。他们的风筝色彩斑斓，形状各异。有的像展翅的雄鹰，有的像翩翩的蝴蝶。在轻风的拂动下，风筝越飞越高，孩子们的欢呼声此起彼伏。阿铭和阿力互相配合，时而放线，时而拉线，他们的风筝在蓝天白云间自由翱翔。

太阳渐渐西落，孩子们依依不舍地收拾好东西，下山准备回家。在回家的路上，阿铭和阿力与小伙伴们约定来年再一起上山放风筝。

1. 请学生说一说，上述故事中的阿铭和阿力进行了哪些清明节传统习俗活动。

2. 请学生讲一讲，清明节还有什么其他的习俗，有什么特色。

3. 教师准备好有关清明节习俗的文字和图片，请学生上台进行匹配，以此来加深学生对清明节习俗的认识和了解。

评析

清明节的祭祖扫墓、踏青、放风筝等传统活动表达了对生命的敬畏、对家族情感的珍视、对自然的尊重。学生不仅要知道这些习俗，更要深入理解其背后的意义，让这一传统文化在心中萌芽，努力传承和弘扬中华民族的优秀文化，为生活增添更多的色彩和意义。

扩展习题

1. 清明节融合了寒食节和（　　　）的习俗。
   A. 中秋节　　　　　B. 国庆节　　　　　C. 上巳节　　　　　D. 重阳节
2. 春节、中秋节、端午节和（　　　）并称为我国四大传统节日。
   A. 元宵节　　　　　B. 重阳节　　　　　C. 清明节　　　　　D. 端午节
3. 清明节进行祭祖扫墓是为了（　　　）。
   A. 缅怀祖先　　　　B. 玩乐　　　　　　C. 家庭团聚　　　　D. 祈求平安
4. 古代，人们在清明节放风筝的寓意是（　　　）。
   A. 追逐自由　　　　B. 带走疾病　　　　C. 事业高升　　　　D. 祈求姻缘
   答案：C　C　A　B

互动交流 3　清明节的节令食品

在一个古老的江南小镇，每年的清明节，家家户户都会制作一种特别的食品——青团。青团是清明节最具代表性的节令食品之一，尤其在江南地区广受欢迎。

故事的主角是一个名叫小志的少年。他从小就在这个小镇长大，每年清明节，他都会跟奶奶一起制作青团。奶奶告诉他，青团的制作过程非常讲究，首先要采摘新鲜的艾草或浆麦草。这些植物在春天的田野里随处可见，叶子鲜嫩，散发着淡淡的清香。

奶奶会将采摘回来的艾草洗净，放入锅中煮熟，然后捣烂成泥。接着，她将艾草泥与糯米粉混合，揉成光滑的面团。小志最喜欢的是包馅的过程。奶奶会准备一些豆沙馅或莲蓉馅，然后将馅料包入面团中，搓成一个个圆滚滚的团子。最后，将包好的青团放入蒸笼中，蒸上十几分钟，直到青团变得鲜绿透亮，香气扑鼻。

小志记得，每次青团出笼时，奶奶都会在团子表面刷上一层薄薄的菜油，这样青团不仅色泽更加诱人，口感也更加细腻。奶奶说，青团不仅好吃，还有着深厚的文化寓意。它蕴含着春天的气息和对祖先的怀念。

除了青团，清明节还有其他许多传统食品。在山西，子推馍是清明节的必备食品，它形状各异，寓意丰富。小志还听说，有些地方会吃薄饼和春卷。薄饼里可以包上各种蔬菜和肉类，而春卷则是将馅料卷在薄饼中，油炸至金黄酥脆。这些食品不仅丰富了清明节的餐桌，也增添了节日的气氛。

通过这些传统食品，小志更加理解了中华文化的博大精深。他希望将来能够将这些传统习俗继续传承下去，让更多的年轻人了解和喜爱这些具有深厚文化底蕴的节令食品。

1. 根据上述故事，请学生说一说，青团是用什么做的。

2. 安排学生进行小组讨论，讲一讲除了青团，各地还有哪些清明节特色食品。
3. 教师可在介绍各地清明节食物的特色和来历后，展示若干相应图片，请学生快速回答出图片上的食物是什么，是什么地方的食物，有什么特色等。看看谁答得最准确。

评 析

清明节传统饮食习俗是中国传统文化的重要组成部分，它不仅代表着人们对亲人的思念和敬意，更承载着深厚的文化意义。学生通过了解和传承这些传统习俗，可以更好地了解中国文化的精髓和独特魅力，进一步增强中华民族的文化自信。同时，应该注重清明节传统食物的食品安全和卫生问题，确保人们在寄托哀思的同时，能够享受到健康美味的食物。

扩 展 习 题

1. 清明节期间，人们通常吃（　　　）。
   A. 月饼　　　　　　B. 青团　　　　　　C. 粽子　　　　　　D. 汤圆
2. 制作青团的原料是（　　　）。
   A. 糯米粉和艾草　　　　　　　　　B. 小麦粉和白糖
   C. 小麦粉和艾草　　　　　　　　　D. 糯米粉和小麦粉
3. 清明节期间，制作内夹有核桃、枣、豆子的白面蒸大馍的地区是（　　　）。
   A. 四川　　　　　　B. 辽宁　　　　　　C. 山西　　　　　　D. 河北
4. 清明节吃相应的传统饮食是为了（　　　）。
   A. 满足口腹之欲
   B. 追求刺激
   C. 尊重传统，传承传统文化
   D. 治疗疾病
5. 据传，清明节吃青团，与（　　　）有关。
   A. 屈原　　　　　　B. 霍去病　　　　　C. 晋文公　　　　　D. 陈太平
   答案：**B　A　C　C　D**

互 动 交 流 4　　清明节的文化内涵

很久以前，有一个宁静的小村庄，那里的人们过着简单又快乐的生活。在这个村子的东边，住着一个充满好奇心的小男孩，他的名字叫飞飞。飞飞对大自然的一切都感到非常好奇，尤其是村边那片神秘的树林，深深地吸引着他。

有一年，清明节即将到来，村里的老人们开始忙碌起来。他们准备去祭拜祖先，并告诉孩子们要尊重和缅怀先人。飞飞听了之后，心中充满了疑问。他并不明白为什么要祭拜祖先，于是他决定跟随长辈一起去祭拜，希望能找到答案。

祭拜的那天，村里的所有人都来了。他们带着鲜花、青团和清明粿，整齐地摆放在祖先的墓前。飞飞看到大人们面色庄重，他们的眼中充满了对祖先的敬仰和感激。有的人在默默祈祷，有的人在轻声诉说对亲人的思念。

祭拜结束后，飞飞鼓起勇气走到村里的长者面前，问："为什么要祭拜祖先呢？"长者微笑着回答："孩子，我们的祖先为我们创造了今天的生活，他们辛勤劳作、传承文化。祭拜是为了表达我们对他们的感激和敬意，同时提醒我们不要忘记自己的根。"

飞飞又问："那清明节还有什么其他的意义吗？"长者深思片刻后说："清明节不仅是为了祭拜祖先，更是为了表达对生命的尊重和思考。它提醒我们要珍惜当下，与大自然和谐共处。你看这树林，它四季常在、屹立不倒。它代表着永恒和再生，也提醒我们要不断地努力和奋斗。"

飞飞听了长者的话，心中涌起一股暖流。他明白了清明节背后深厚的文化内涵，也明白了自己应该如何去尊重和珍惜生命。从那以后，他变得更加努力学习，希望有朝一日能够传承和弘扬中国的文化传统。

1. 请学生以小组讨论的形式，说一说上述故事中的树林有什么特别含义。
2. 请学生思考，清明节除了祭祖扫墓、缅怀先人，还有什么其他文化内涵。

评析

学习和了解清明节文化内涵的意义非常重要。清明节不仅是纪念祖先、扫墓祭祖的节日，更是弘扬传统文化、传承家族价值观的重要时刻。通过了解清明节的相关知识和内涵，学生能够更好地理解祖先的智慧和传统文化的重要性。同时，还可以培养感恩之心和敬祖之思，增强家族凝聚力和文化认同感。因此，教师应引导学生积极学习和传承清明节文化，将这种传统文化铭记在心，让其成为人生道路上的精神财富。

扩展习题

1. 清明节的文化内涵包括哪些方面？（　　　）
   A.纪念祖先、扫墓祭祖　　　　　B.踏青郊游、享受大自然的美景
   C.悼念逝去的亲人、珍惜生命　　D.以上都是
2. 清明节人们为什么要外出游玩踏青？（　　　）

A. 放松身心，亲近自然　　　　　　B. 无事可做

C. 必须要去　　　　　　　　　　　D. 交友需要

3. 在出门踏青游玩时，应注意什么？（　　　）

A. 无所顾忌，随心所欲　　　　　　B. 随意采摘植物，破坏环境

C. 玩危险游戏，攀爬危险位置　　　D. 不乱丢垃圾，不破坏公共设施

4. 除了祭祖扫墓、踏青游玩，清明节还有什么传统习俗？（　　　）

A. 包粽子　　　　　　　　　　　　B. 放风筝、插柳

C. 登山　　　　　　　　　　　　　D. 逛庙会

5. 清明节祭祖扫墓与（　　　）文化有关。

A. 法家　　　　B. 墨家　　　　C. 儒家　　　　D. 道家

答案：D A D B C

互动交流 5　文明祭祀，从我做起

在湖南的一个美丽小镇上，住着一个名叫小玲的女孩。那里的村民们一直保持着清明节祭祀的传统习俗。每年清明节，家家户户都会去祖坟祭拜，以此纪念逝去的亲人。

然而，随着时间的推移，一些不良的祭祀习惯开始在村子里悄然兴起。有的人在墓地、山间焚烧大量的纸钱和香烛，还有的人乱扔垃圾，严重破坏了墓地以及周围的自然环境。小玲看着眼前的一切，心里五味杂陈。她深知，这些不良习惯不仅对环境造成了污染，还违背了清明节祭拜祖先的初衷。

于是，小玲下定决心要倡导村民们文明祭祀。她认为，文明祭祀不仅是对先人的尊重，更是对环境的保护和责任的体现。

首先，小玲从自己做起，带领家人一起率先改用鲜花祭祀，以此取代焚烧纸钱。她告诉家人，鲜花同样可以代表真心和诚意，是对先人最好的缅怀。同时，小玲还倡导村民们自带垃圾袋，将祭祀用品和垃圾带回家进行处理，不要在墓地留下任何垃圾。

此外，小玲还自发组织了一支志愿者团队。在清明节期间，她和志愿者们一起巡逻墓地，看护山林，避免火灾隐患，看到不文明行为及时予以提醒和纠正。她用温柔而坚定的语气告诉村民们："我们的先人在这里安息，我们应该给他们一个干净整洁的环境。"

刚开始，一些村民对小玲的行为不以为意，认为她在多管闲事，妨碍他们祭祀祖先。但随着时间的推移，他们逐渐被小玲的坚持和真诚打动。小玲通过分享自己在网络上看到的关于文明祭祀的资料和新闻，让村民们意识到保护环境的重要性。她还用实际行动践行着自己的信念，渐渐地感化了村民们。

除了身体力行外，小玲还邀请了村里的老者一起给孩子们讲述清明节的传统和文化内涵。她告诉孩子们，清明节不仅是祭拜祖先的节日，更是传承中华文化的重要时刻。通过听老者讲述先人的故事和传统习俗，孩子们逐渐明白了文明祭祀的意义和价值。

在小玲的努力下，村子里的风气开始发生变化。越来越多的村民加入到文明祭祀的行列中来，用实际行动践行着绿色、环保、和谐的理念。墓地变得越来越干净整洁，纸钱被美丽的鲜花取代，村民之间的关系也变得更加和谐融洽。

1. 同桌两人互相说一说，传统祭祀方式和现代文明祭祀有什么不同，文明祭祀有哪些好处，为什么要推广文明祭祀。
2. 请学生说一说，文明祭祀对我们的生活有什么影响和意义。
3. 教师可以向学生提问：如果让你宣传文明祭祀，你会怎么做？如果举办一场有关文明祭祀的宣传活动，宣传语该怎么写？

评析

文明祭祀不仅仅是一种传统的仪式，更是一种对先人的尊重和对环境的保护。它提醒人们，应该以一种更加环保、和谐的方式来表达对逝去亲人的思念之情。通过文明祭祀，可以传递出积极向上的生活态度，让更多的人意识到保护环境的重要性，从而让家园变得更加美好。同时，文明祭祀也是对传统文化的传承和发扬，它能够让年轻一代更好地了解和认识清明节的文化内涵，从而增强文化自信和民族自豪感。因此，每个人都应该从自己做起，践行文明祭祀，为人类的家园和未来贡献一分力量。

扩展习题

1. 以下哪个选项属于文明祭祀？（　　　）
   A. 在树林里焚烧纸钱　　　　　　B. 乱丢垃圾
   C. 用鲜花祭拜祖先　　　　　　　D. 破坏祭祀场所的公共秩序
2. 文明祭祀对环境保护的作用是（　　　）。
   A. 增加空气污染　　　　　　　　B. 减少资源浪费，避免加重环境负担
   C. 对环境无影响　　　　　　　　D. 容易引发山火
3. 关于清明节文明祭祀，以下哪个说法是错误的？（　　　）
   A. 文明祭祀是对先人的尊重和敬意　B. 文明祭祀可以保护环境，减少污染
   C. 文明祭祀展现了积极的生活态度　D. 文明祭祀与传统文化相违背
4. 在清明节祭祀时，以下哪个行为是不合适的？（　　　）
   A. 献上鲜花　　　　　　　　　　B. 在墓地大声喧哗
   C. 清理周围垃圾　　　　　　　　D. 向先人默哀鞠躬

5. 下列哪个选项不是文明祭祀与传统祭祀方式的区别？（　　　）

A. 文明祭祀更加注重环保，而传统祭祀则不注重环境问题

B. 文明祭祀更加注重社会和谐，而传统祭祀则更注重个人情感表达

C. 文明祭祀倡导重心意轻形式，而传统祭祀则更注重形式

D. 文明祭祀和传统祭祀都过于注重形式

答案：C B D B D

第五章　爱劳动，慧劳动

　　劳动节，又被称为五一国际劳动节，是一个向全世界的劳动者致敬的日子。它是为了表彰那些辛勤工作、默默付出的人们而设立的，是一个属于所有劳动者的节日。

　　在我们的生活中，劳动者扮演着非常重要的角色。无论是家庭中的父母，还是社区中的工人，抑或是教师和学生们，我们每个人都在不同的领域付出着自己的劳动。正是劳动者们的辛勤努力与奉献，让我们的生活变得更加美好。

　　下面是有关劳动的名人名言，请学生们仔细阅读，一边阅读一边思考，人为什么要劳动，劳动的意义是什么，带着这些问题，认真感受以下的句子。

　　1. "用劳动来创造美的时候，美才能使人的情操更为高尚。"——苏霍姆林斯基

　　2. "我们世界上最美好的东西，全都是由劳动、由人的聪明的手创造出来的。"——高尔基

　　3. "人就是动物，本来就是好动的；劳动不只就是为着生活，也就是为着健康。"——谢觉哉

　　4. "任何一项劳动都是崇高的，此时崇高的事业只有劳动。"——卡莱尔

　　5. "劳动使人忘忧。"——西塞罗

　　6. "我觉得人生求乐的方法，最好莫过于尊重劳动。一切乐境，可由劳动得来，一切苦境，可由劳动解脱。"——李大钊

　　7. "劳动是一切知识的源泉。"——陶铸

　　8. "劳动是社会中每个人不可避免的任务。"——卢梭

　　9. "体力劳动是防止一切社会病毒的伟大的消毒剂。"——马克思

　　10. "知识是从刻苦劳动中得来的，任何成就都是刻苦劳动的结果。"——宋庆龄

互动交流 1　劳动节的由来

　　在很久以前的一个城市，有一个叫杰克的学生。他生活在一个工业化进程迅速发展的时代，城市里到处都是高楼大厦和繁忙的街道。杰克的家庭并不富裕，父母都是

普通的工人，每天辛苦劳作以维持家庭生计。尽管如此，他们一直都教育杰克要懂得珍惜劳动，认识到劳动的重要性和价值。

某年的 5 月 1 日，杰克的父母告诉他这是一个特别的节日——劳动节。杰克好奇地问道："爸爸妈妈，劳动节是怎样诞生的呢？它为什么如此重要？"他的父母微笑着向他讲述劳动节的故事。

他们告诉杰克，很久以前，在工业革命时期，工人们为了谋生不得不长时间连续工作，甚至长达 14 个小时以上。工人们的工作环境恶劣，没有适当的安全保护措施，工资微薄，生活困苦。恶劣的工作条件和不公平的待遇让工人们感到不满和愤怒，他们开始组织抗议和罢工，以争取更好的工作条件和合理的待遇。然而，他们的努力遭到了镇压。

但是，这些工人们不放弃，他们依然坚持抗争。终于，1886 年的 5 月 1 日，芝加哥市的工人们发起了一次大规模的示威游行，要求推行"8 小时工作制度"，即每天工作 8 小时。

然而，在游行时，警察采取了极端手段进行镇压，导致数十人死伤。这个场面震撼了世界，引起了全球工人的关注和支持。为了纪念这次运动，在第二国际成立大会上，宣布了 5 月 1 日为国际劳动节。这一天旨在呼吁全世界的工人团结起来，争取劳动权益和改善工作条件。

听完父母对劳动节的讲述，杰克感到非常震撼和骄傲。他决定继续深入了解劳动节。他通过收集资料，意识到劳动节不仅在国际范围内有很大影响力，在中国也有着深刻的意义。

杰克开始深入研究中国建立劳动节的历史。他了解到，在中国，劳动节的庆祝活动可以追溯到 1918 年。在那个时期，中国正处于社会变革的关键时刻。中国的工人阶级面临着压迫和剥削，劳动环境恶劣，待遇差。工人们开始组织起来，呼吁改变他们的命运，并争取自己的权益。

在 1920 年的 5 月 1 日，中国历史上的一个崭新篇章被揭开。众多工业城市如北京、上海、广州、九江、唐山等地的工人群众纷纷走出工厂，涌向街头，进行了规模宏大的游行和集会。李大钊以敏锐的历史眼光，在《新青年》杂志上撰写了《"五一"May Day 运动史》一文，详细描述了五一国际劳动节的起源以及美、法等国工人是如何纪念这一节日的，他号召中国的工人们将这一年的"五一"视为觉醒的标志。

当天，各地的工人和知识分子团结一心，共同参与了各类集会。在上海，陈独秀发挥了核心作用，指导了由中华全国工界协进会等七个团体联合筹备的世界劳动纪念大会。这场大会吸引了 5 000 多名工人的参与，陈独秀更是荣幸地被选为筹备大会的顾问。在纪念会上，各界代表纷纷发表了慷慨激昂的演说，工人们提出了实行"三八制"，即八小时工作、八小时休息、八小时教育的要求，并高喊出"劳工万岁""中华工界万岁"等口号，展示了他们坚定的决心。

而在北京，李大钊领导了以北京大学为中心的纪念活动。在这一天，北京大学的学生们毅然罢课，《北京大学学生周刊》也特意出版了"劳动纪念号"。在校园内，一场规模庞大的纪念大会召开，吸引了500多名校工和学生的参与，李大钊亲自到会发表讲话。此外，何孟雄等八名北大学生和一些青年还走出校园进行宣传，他们散发《五月一日北京劳工宣言》，希望借此激发工人们反对剥削、争取自身权利的斗志。然而，他们也因此被巡警逮捕。邓中夏则前往北京长辛店，向铁路工人们散发宣言，并发表了激情洋溢的演讲。这是中国首次纪念五一国际劳动节的活动，也是中国历史上第一个五一劳动节。

1949年，中华人民共和国成立，将劳动节确立为国家法定假日，并在全国范围内庆祝。

杰克兴奋地将自己阅读到的这些史实告诉了他的父母。他们深感自豪，也鼓励杰克通过学习和努力，为社会的进步和劳动者权益的保护作出自己的贡献。

1. 请学生采用小组讨论的形式，说一说芝加哥事件对劳动节起源的影响，为什么这个事件会引起大范围的关注，为什么在工业革命时期人们开始争取劳动者权益。
2. 请学生讲一讲，自己是如何看待和理解劳动节的，结合相关资料，讲一讲为什么要设立劳动节。
3. 请学生思考并讨论，与早期的劳动节相比，如今的劳动节又发生了怎样的变化。

评析

通过学习劳动节的起源，学生可以了解到过去工人们为了争取更好的工作条件和权益所进行的斗争。他们在艰辛的工作环境和不公平的待遇下，毫不动摇地奋斗和抗争。他们的努力最终赢得了更合理的工作时间和更好的待遇。同时，通过了解劳动节的发展，学生能够明白每个人都可以为实现自己的权益和追求更好生活而奋斗。无论是在过去的工业时代还是在现代社会，每个人都参与着劳动，无论是在学校、家庭还是社会中。

扩展习题

1. 劳动节在哪一天庆祝？（　　　）
   A. 8月1日　　　　B. 7月1日　　　　C. 5月1日　　　　D. 4月1日
2. 劳动节是以下哪个群体的节日？（　　　）
   A. 教师　　　　　B. 工人　　　　　C. 学生　　　　　D. 医生
3. 劳动节的起源与（　　　）有关。
   A. 芝加哥工人罢工　　　　　　　B. 加拿大全国性罢工

C.万隆会议 D.巴黎大罢工

4. 中国庆祝劳动节的活动最早可追溯到（　　）。

A.1999 年 B.1922 年 C.1918 年 D.2000 年

5. 劳动节起源于（　　）。

A.日本 B.英国 C.法国 D.美国

答案：C B A C D

互动交流 2 劳动节活动的意义

在劳动节到来之际，李明和他的小伙伴们忙碌地准备着要在学校劳动节文艺会演上表演的节目。

李明和他的同学们为了表达对劳动者的敬意和感谢，排练了一场精彩的舞蹈表演。他们自愿扮演角色，并认真排练，希望通过舞蹈展示劳动的辛苦与快乐，让大家更好地了解劳动的意义。

除了文艺演出，学校还举行了隆重的劳动模范表彰仪式。李明的爸爸是学校的一名建筑工人，因为他多年来默默地辛勤工作和付出，所以被学校选为劳动模范。在仪式上，李明骄傲地向大家介绍了他爸爸的工作经历和努力。当李明的爸爸上台接受表彰时，台下响起了热烈的掌声。

为了让学生更好地了解劳动法律和法规，学校还邀请了一位法治宣讲员为同学们宣讲《中华人民共和国劳动法》。宣讲员通过生动的案例和实际的法律内容，向大家讲解了保护劳动者权益的重要性和法律保障的作用。同学们认真倾听，积极参与讨论，并表示要加强自我保护意识，将来共同营造良好的劳动环境。

除了以上活动，李明和他的小伙伴们还参加了公益活动，为社区的老人和残疾人提供帮助。他们打扫了养老院的卫生，给老人们送上水果和精心制作的贺卡。同时，他们还参加了关爱儿童的志愿服务，为残疾儿童表演节目，带给他们快乐与温暖。这次公益活动让他们切身体会到劳动者的付出和帮助他人的重要性。

通过一系列的活动，李明和他的小伙伴们深刻体会到了劳动的辛苦和价值。他们通过表演、表彰和宣讲，向大家传递了对劳动者的感谢和敬意，同时也激发了自己努力学习和为社会作贡献的愿望。他们意识到，劳动是社会进步的动力，他们希望将来也能成为一名优秀的劳动者，为社会的发展贡献自己的力量。

1. 教师可以向学生提问，劳动节为什么要举办这么多活动，其意义是什么。

2. 请学生以小组讨论的形式，互相分享经历过的劳动模范表彰活动。

3. 职业猜猜猜小游戏：教师提前准备好若干写有不同劳动岗位的卡片，教师给出相应提示，如"他们负责修理电器设备"等，学生需要快速找到对应职业的卡片，速度快且正确多的小组获胜。

评析

围绕劳动节采用多种庆祝方式是非常有必要的。通过多种庆祝方式，学生可以更深入地了解劳动的重要性，培养团队合作精神和创造力，同时也能够表达对劳动者的感激之情。劳动者的辛勤付出为人们创造了美好的生活，而我们的认可和支持将激励和鼓励他们继续努力工作。

扩 展 习 题

1. 庆祝劳动节的方式通常包括以下哪种？（　　）
   A. 购物　　　　　B. 文艺会演　　　C. 做家庭作业　　D. 玩电子游戏
2. 以下哪件事与劳动节的庆祝活动无关？（　　）
   A. 与劳动者交流　　　　　　　　B. 学习《中华人民共和国劳动法》
   C. 参观劳动者工作场地　　　　　D. 与朋友出门郊游
3. 中国中央人民政府政务院于（　　）将 5 月 1 日定为法定的劳动节。
   A. 1949 年 12 月　B. 1950 年 10 月　C. 1952 年 12 月　D. 1955 年 12 月
4. 在劳动节期间，最应该发扬的精神是（　　）。
   A. 爱国主义　　　B. 自强不息　　　C. 无私奉献　　　D. 竞争意识
5. 以下哪个国家不庆祝五一劳动节？（　　）
   A. 美国　　　　　B. 加拿大　　　　C. 中国　　　　　D. 法国
   答案：**B D A C B**

互 动 交 流 ③ 　维护劳动者的合法权益

小可是一个充满活力和热情的年轻人，他非常喜欢自己的工作——送快递。每天，他骑着电动车，穿梭在熙熙攘攘的街道上，为人们送去包裹和温暖。他觉得，能有一份稳定的工作，养活自己和家人，是非常幸运的事情。

然而，小可的工作并不轻松。他每天需要工作十个小时以上，几乎没有休息日，而且常常需要在恶劣的天气条件下工作。尽管他非常努力，但他的工资却并不高，只能勉强维持生计。他曾试图与公司管理层沟通，要求改善工作条件和待遇，但每次都被搪塞过去，甚至被威胁解雇。他感到自己的权益受到了侵害，但却不知道该怎么办。

一天，小可在送快递的路上，不小心摔伤了腿。原本以为公司会为他提供一些帮助，但结果却让他大失所望。由于没有签订正式的劳动合同，公司对他的伤病不闻不问，甚至还威胁要解雇他。这时的小可感到十分无助和迷茫。

正当小可陷入绝望的时候，一位善良的律师了解到他的困境。律师告诉他，劳动者有权享受合法权益，包括工时、休假、薪酬、福利、劳动安全和保障、劳动合同和社会保障等方面。他鼓励小可勇敢地维护自己的权益。

在律师的帮助下，小可鼓起勇气，决定向公司提出合理的要求。他和其他工友一起组织起来，向公司提交了一份诉求书，要求改善工作条件和待遇。他们还向相关部门投诉了公司的不法行为。

经过一番努力，小可和工友们的诉求得到了回应。公司管理层不得不正视他们的诉求，并采取了一系列措施改善员工的工作条件和待遇。小可的工资提高了，工作时间也得到了合理的安排，他终于可以安心地工作了。

同时，小可也意识到了劳动者权益的重要性。他开始关注劳动法律法规，学习相关知识，以便更好地维护自己的权益。他还积极参与到社区的公益活动中，为其他劳动者提供咨询和帮助。

时间过得很快，小可的努力得到了回报。他的工作表现得到了公司的认可，被提拔为快递员团队的负责人。同时，他还成了一名志愿者，帮助更多的劳动者维护自己的权益。

有一天，小可收到了一封来自一家大型快递公司的邀请函，希望他能够加入他们的管理团队。在新的工作岗位上，小可有了更多的机会发挥自己的才华和能力，同时也能够为更多的劳动者争取权益。

1. 根据上述故事，请学生说一说小可为什么会感到自己的权益被侵害了，他又是如何维护自己的权益的，采用了什么方式。
2. 请学生采用小组讨论的方式，说一说为什么要维护劳动者的合法权益。
3. 请学生讲一讲，如果身边劳动者的合法权益受到了侵害，应该怎么帮助他们。

评 析

学生学习劳动者的权益和劳动保护对于未来的职业生涯和社会参与至关重要。只有了解和关注这些内容，才能更加明确自己的权益，为自己的未来做好准备，同时为维护劳动者的权益贡献自己的力量。这不仅有助于学生在职场中获得公平待遇，还能够提高整个社会对劳动者权益的重视程度，促进社会的公平与和谐发展。

扩 展 习 题

1. 关于劳动者的权益，以下哪项是错误的？（　　　）
   A. 劳动者享有合理的工作时间和休假权利
   B. 劳动者有权依法获得工资
   C. 劳动者参加工作不需要签订劳动合同
   D. 劳动者享有劳动安全和卫生的保障

2. 关于劳动安全和保障，以下哪项说法是正确的？（　　　）

　　A. 企业无须为劳动者提供劳动安全保障

　　B. 劳动者可以自行决定是否佩戴劳动防护用品

　　C. 企业应采取必要的措施预防职业病的出现

　　D. 劳动者在工作中受伤应自行承担责任

3. 劳动者的休假权益包括以下哪项？（　　　）

　　A. 带薪年假　　　　B. 病假和事假　　　C. 婚假和产假　　　D. 以上都包含

4. 劳动者的薪酬应当按照什么原则来确定？（　　　）

　　A. 劳动合同中约定的薪酬　　　　　　B. 劳动者提出的要求

　　C. 公司的收入水平　　　　　　　　　D. 随意决定，没有具体规定

5. 下列属于侵犯劳动者合法权利的是（　　　）。

　　A. 合理的工作时间安排　　　　　　　B. 保证劳动者的工作安全

　　C. 提供合理的休假制度　　　　　　　D. 以不正当理由解雇员工

答案：**C　C　D　A　D**

互动交流 4　劳动节的影响

　　在繁忙的城市中心，有一家名叫"创新工坊"的制造工厂。这里的人们日夜兼程，为世界的每一个角落制造高质量的产品。李华是工坊里的一名普通工人，他每日的工作是组装精密零件，确保产品能按时出货。

　　每年的五一国际劳动节，对于李华和他的工友们来说是一个特殊的日子。不仅是因为这是他们的节日，更是因为这个节日赋予了他们短暂的休息时间。

　　劳动节前夕，创新工坊的订单如潮水般涌入。来自世界各地的客户都希望在节日前收到他们的产品。工坊的老板张总为此忙碌不堪，确保每一个订单都能准时完成。但同时，他也明白，工人们在连续工作数月后需要休息。于是，他决定在劳动节期间给员工们多放假，并加薪 10%。这一决策不仅满足了客户的订单需求，也给予了工人应有的休息和适当的报酬。

　　劳动节还对社会氛围产生了影响。劳动节这天，工厂门前的街道上挂满了五星红旗，商场、餐厅为劳动者提供优惠，社区举办各种庆祝活动。人们为劳动者的辛勤付出而感恩，也为他们的精神所感动。李华和他的家人走在街上，感受到了来自社会的尊重和温暖。

　　劳动节不仅是一个节日，它更是一种文化的体现。在这个特殊的日子里，家庭聚会、朋友聚餐，共同回忆过去的辛勤付出，展望未来的美好生活。李华和工友们在聚餐中分享各自的故事，感叹劳动带来的美好与幸福。

　　张总深知，没有辛勤的员工，就没有今天的"创新工坊"。因此，他总是尽力为员

工创造更好的工作环境和福利。在劳动节期间，他亲自给员工发送祝福信息，感谢他们的付出。同时，他也组织各种培训和团建活动，加强与员工的沟通和交流。劳动关系在张总的努力下变得更加和谐，员工的工作积极性也大大提高。

李华站在工厂的大门口，望着飘扬的五星红旗，心中充满了感激和自豪。他知道，自己的努力并没有被社会遗忘，反而得到了应有的尊重和回报。

1. 请学生结合上述故事，说一说为什么要在劳动节给员工加薪放假，这对工厂产生了什么样的影响。

2. 请学生说一说，在劳动节期间，人们所感受到的氛围是怎样的，也可以讨论讲一讲，在劳动节期间，身边的商家都举行了什么活动。

3. 教师可以设计一个简单的课堂小游戏，将劳动节在不同方面的影响设置成不同的关卡，只有答对了相关问题才能通关。例如"劳动节期间商家通常开展什么促销活动""劳动节提醒公司关心员工的什么权益"等。

评析

通过了解劳动节对经济的贡献，学生能够认识到劳动的价值和力量，激发学习的动力。在社会层面，劳动节提醒人们尊重劳动、尊重劳动者，这有利于培养学生的感恩之心和社会责任感。在文化层面，劳动节传承了丰富的文化传统，有助于学生了解和传承民族文化。在劳动关系上，劳动节促进和谐劳动关系的发展，提高劳动者的工作积极性和创造力。因此，了解劳动节的影响，不仅有助于学生全面了解社会发展的多个方面，还能培养学生的综合素养和价值观，为未来的成长和发展奠定坚实的基础。

扩展习题

1. 关于劳动节对经济的影响，以下哪个选项描述不准确？（   ）

   A. 劳动节期间会刺激消费，促进经济增长

   B. 劳动节期间，部分行业如旅游、餐饮等会迎来高峰期

   C. 由于放假，大部分工厂和企业会停工，对经济产生负面影响

   D. 劳动节为劳动者提供休息时间，有助于之后提高工作效率

2. 关于劳动节在社会方面的作用，下列哪项描述是错误的？（   ）

   A. 劳动节是对劳动者过去辛勤劳动的否定

   B. 劳动节鼓励人们尊重劳动和劳动者

   C. 劳动节有助于弘扬劳动精神和工匠精神

   D. 劳动节能够提升劳动者在社会中的地位和形象

3. 关于劳动节的影响，下列哪项描述是错误的？（   ）

A. 劳动节促进了劳动者权益的保障

B. 劳动节加剧了劳动者与雇主之间的矛盾

C. 劳动节提醒雇主关注员工福利和权益

D. 劳动节增强了劳动者的工作积极性和创造力

4. 关于劳动节在文化方面的意义，下列哪项描述是正确的？（　　　）

A. 劳动节没有什么文化意义

B. 劳动节是一个自古以来的传统节日

C. 劳动节是为了纪念劳动者争取到了合法权益而设立的节日

D. 劳动节是近年来为了促进消费而设立的商业节日

5. 设立劳动节是为了鼓励人们（　　　）。

A. 争抢资源和机会　　　　　　　B. 争取自己的合法权益

C. 随意浪费时间　　　　　　　　D. 过分追逐个人利益

答案：**C　A　B　C　B**

互动交流 5　劳动节带来的思考

丽丽是一名初中生，对于劳动节，她一直有着一种模糊的认知。在她看来，这不过是一个可以放松休息的小长假。然而，今年的劳动节让她的观念发生了翻天覆地的变化。

在劳动节前夕，丽丽的老师为了让他们更好地理解这个节日的内涵，特地为他们讲述了劳动者的辛勤付出。老师告诉他们，是那些辛勤的劳动者为我们创造了美好的生活环境，带来了便捷的生活方式。听完老师的讲述，丽丽不禁开始反思，自己是否真正地意识到这些劳动者的伟大贡献，是否对他们心怀感激。

这一反思，让丽丽意识到自己平时有多么依赖父母和老师。她发现自己总是理所当然地享受着他们为她创造的一切，却很少真正去珍惜和感激。于是，丽丽下定决心要改变这一点。她要更加珍惜学习的机会，努力充实自己，不仅为了自己的未来，也为了回报那些为她默默付出的人。

劳动节当天，丽丽参加了学校组织的志愿者活动。她和同学们一起来到社区，帮助清理垃圾。他们拿着垃圾袋和扫把，仔细地清理着每一个角落。在休息的时候，他们与社区的保洁员闲聊，得知他们每天都要早早起床，坚守在岗位上，只为了让社区保持干净整洁。

这次经历让丽丽深刻体会到了劳动的意义和价值。她意识到，劳动不仅是为了生存，更是一种对社会的贡献和付出。从那一刻起，丽丽决定要更加尊重和珍惜劳动者的付出。回到家中，丽丽主动提出帮父母做家务。她开始学习做饭、洗衣、打扫卫生等家务活。她发现，通过自己的努力，为家人创造一个温馨舒适的环境，是一种非常有价值的体验。

同时，丽丽也将这种精神带到了学校。她与同学们分享学习上的知识和经验，互相帮助、共同进步。她不再是一个只知道接受帮助的人，而是一个愿意主动付出、为他人创造价值的人。

这次劳动节的经历还激发了丽丽对自己兴趣和潜力的探索。她意识到，每个人都有自己独特的才能和潜力，而劳动节正是一个展现自己、发现自己的机会。于是，丽丽开始尝试各种兴趣爱好，寻找自己真正热爱的事情。在一次偶然的机会中，丽丽发现自己对音乐有着浓厚的兴趣。她喜欢旋律、节奏和歌词所传达的情感。于是，她决定专注于学习音乐，培养一项特殊的技能。

这个劳动节彻底改变了丽丽的人生观和价值观。她成长为一个懂得珍惜、尊重劳动、勇于探索和付出的青少年。而这一切的变化都源于对劳动节的深入理解和体验。

1. 请同桌两人互相讨论，说一说为什么要感激劳动者，他们对社会有怎样的贡献。
2. 请学生上台讲一讲，生活中是否真的意识到了劳动者的贡献，能做些什么向他们表达感谢。
3. 教师提前准备一些职业，让学生挑选一项职业，模拟工作流程，感受劳动者的辛劳。比如环卫工人、校园安保人员等（尽量是学生有接触或者有了解的职业）。

评 析

劳动节能够给学生带来诸多思考，如尊重和感激劳动者，珍惜学习机会，支持公平合理的劳动制度。通过探索自己的兴趣和潜力，学生能够为个人发展和社会进步作出贡献。对于学生来说，劳动节不仅是放松身心的时刻，更是思考人生价值和努力成长的良机。教师应引导学生在劳动节中汲取思考的力量，让未来奋斗的脚步更加坚定，为社会的进步贡献自己的智慧。

扩 展 习 题

1. 关于劳动节的意义，以下哪项描述是正确的？（　　　）
   A. 劳动节只是一个放假的日子，没有特别的意义
   B. 劳动节提醒我们要尊重和感激所有为我们提供服务和便利的劳动者
   C. 劳动节是劳动者争取权益的日子，与其他人无关
   D. 劳动节是商家进行促销活动的最佳时机
2. 通过参与劳动节的活动，应认识到（　　　）。
   A. 学习是我们的主要任务，参与劳动节活动会耽误学习
   B. 劳动是低下的，我们不应该在劳动节参与任何活动
   C. 劳动者为我们创造了舒适的生活环境，我们应该珍惜并感激

D. 劳动节只与劳动者有关，与我们无关

3. 对于学生来说，劳动节提醒我们（　　　）。

A. 要珍惜眼前的学习机会，努力提升自己

B. 专注于学习，忽视其他任何事情

C. 在假期尽情玩耍，不用考虑学习

D. 必须支持所有劳动，无论其合理性如何

4. 在劳动节期间，我们应该支持（　　　）。

A. 所有形式的劳动，无论其条件和待遇如何

B. 公平合理的劳动条件和待遇，尊重劳动者的权益

C. 劳动者自己争取权益，与他人无关

D. 高科技完全替代人力劳动

5. 通过劳动节，我们可以认识到每个人都有自己的兴趣和潜力。以下哪项做法最有助于发掘自己的兴趣和潜力？（　　　）

A. 放弃学习，专注于尝试各种新事物

B. 跟随潮流，追求大家都认为有前途的事物

C. 探索自己的兴趣和爱好，勇于尝试新事物

D. 坚持传统，因循守旧

答案：B　C　A　B　C

第六章 "五四"精神传薪火，激扬青春献华章

　　五四青年节，象征着青年的激情、智慧和奋斗精神，是我们追溯历史、汲取力量的时刻。在这个特殊的日子里，我们聚在一起，不仅是为了庆祝节日，更是为了铭记青年们为国家独立和民主所作出的努力和牺牲。今天，我们生活在和平发展的时代，但是五四精神永远不会过时。它是激励我们追逐梦想、拼搏进取的动力源泉。

　　今天，就让我们一起了解五四运动的历史、过程，学习其中的精神，品味那段激情洋溢的岁月。

　　青年，是人生无比美好的时光，也是一个国家的基石和希望。下面是有关青年人的名人名言，请同学仔细阅读，认真思考，从他们的言语间能够感悟出怎样的精神。

　　1. "青年者，人生之王，人生之春，人生之华也。" ——李大钊

　　2. "真正建立共产主义社会的任务正是要由青年担负。" ——列宁

　　3. "一个民族的年轻一代人要是没有青春，那就是这个民族的大不幸。" ——赫尔岑

　　4. "青年是革命的柱石。青年是革命果实的保卫者，是使历史加速向更美好的世界前进的力量。" ——宋庆龄

　　5. "青年是一个美好而又一去不可再得的时期，是将来一切光明和幸福的开端。" ——加里宁

　　6. "创造一切非凡事物的那种神圣的爽朗精神总是同青年时代和创造力联系在一起的。" ——歌德

　　7. "青年的敏感和独创精神，一经与成熟科学家丰富的知识和经验相结合，就能相得益彰。" ——贝弗里奇

　　8. "青年时代是培养习惯、希望和信念的一段时光。" ——拉斯金

　　9. "横眉冷对千夫指，俯首甘为孺子牛。" ——鲁迅

　　10. "青春是在你身上，你有人生最可宝贵的东西。" ——德莱塞

互动交流 1 　五四运动的起源

　　有一个叫涛涛的学生，他对历史非常感兴趣。一天，涛涛在图书馆翻阅历史书籍时，偶然读到了有关五四运动的故事。他被这个充满激情和正义的运动深深吸引，决定通过场景还原，让他的同学们了解五四运动的经过。

　　涛涛集结了几个志同道合的好朋友，一起筹备了一场特别的班级活动。他们把教室布置成五四时期的样子，悬挂着红旗和标语。活动当天，同学们兴奋地进入教室，好奇地看着这个充满历史氛围的场景。

　　涛涛站在前面，开始用激情洋溢的声音讲述故事。他告诉大家，五四运动发生在一百多年前的 1919 年，当时的中国正处于危难之中。由于外国列强的侵略和国内的封建统治，许多学生和年轻人深感愤怒和无奈。

　　涛涛接着说，五四运动爆发的起点在北京。当时，来自各大学校的学生纷纷走上街头，高举标语，声援巴黎和会上维护中国利益的代表，呼吁坚决抵制外国的侵略。

　　在故事中，学生们临时组织起来，挥舞着横幅，大声呼喊着口号。他们义愤填膺，沿着街道游行示威，要求政府采取措施保护国家利益。

　　涛涛讲述着，当时的天安门广场上聚集了成千上万的学生，他们不顾困难和危险，敢于公开抗议和表达自己的诉求。他们用激情和理想引领着整个运动，成为和平抗争的旗帜和灵魂。

　　在故事中，涛涛和同学们还重点提到了五四运动中的一些杰出人物。他们向同学们介绍了陈独秀这位聪明而勇敢的领导者。陈独秀在运动中发表了许多鼓舞人心的演讲，呼吁更多的人加入抵抗运动。

　　涛涛讲完了故事，整个教室里弥漫着浓烈的爱国氛围。同学们一个个激动地讨论起来，纷纷表示要学习五四精神，为国家和社会作出自己的贡献。涛涛鼓励大家要坚守正义、追求真理，用勇敢和智慧去推动世界变得更加美好。

1. 请学生结合上述故事和相关资料，说一说当时的学生为什么要举行抗议游行。
2. 请同桌之间相互讲一讲，五四运动中除了陈独秀外，还有哪些杰出的代表。

评 析

　　学习五四运动不仅是为了了解历史，更是为了有所思考。通过学习五四运动，学生能够懂得团结的重要性，明白真理和正义的重要性，珍惜今天的幸福生活。要引导学生学习五四运动中学生们的勇气和奉献精神，追求真理和进步，为了我们的国家和社会作出积极的贡献，让我们的国家变得更加繁荣富强，让世界变得更加美好。

扩展习题

1. 五四运动发生在哪一年？（　　　）
   A. 1920 年　　　　　B. 1919 年　　　　　C. 1949 年　　　　　D. 1915 年

2. 五四运动的起点在哪个城市？（　　　）
   A. 天津　　　　　　B. 上海　　　　　　C. 北京　　　　　　D. 湖南

3. 五四运动的主要目的是（　　　）。
   A. 推翻清朝统治　　　　　　　　　B. 促进文化交流
   C. 推动经济发展　　　　　　　　　D. 反对不平等条约

4. 五四运动中，学生在（　　　）集会并发表了宣言。
   A. 北京天安门　　　B. 杭州西湖边　　　C. 上海南京路　　　D. 北京颐和园

5. 引发五四运动的直接原因是（　　　）。
   A. 清政府的统治　　　　　　　　　B. 巴黎和会中国外交失败
   C. 中国当时的贫困　　　　　　　　D. 政府的腐败

答案：**B　C　D　A　B**

互动交流 2　　**五四运动的精神**

许鸣是一位历史老师。临近青年节，他决定在班级里举办一次有关五四运动的宣讲活动。

宣讲当天，许鸣站在班级讲台上，紧张却兴奋。他看向台下的学生们，望着那些期待的眼神，他知道这是他传递五四精神的好机会。

许鸣开始讲述五四运动的故事，说起那些勇敢的学子们，他们用他们的行动点燃了爱国的火种。许鸣强调爱国不仅是热爱祖国的土地，更是关心国家的命运。正是因为这种深深的爱，学生们勇敢地走出校门，站在国家前线，为国家的利益而奋斗。

接着，许鸣引出了五四运动的进步精神。他告诉大家，五四运动的学生们渴望改变社会的现状，他们追求科学、知识和文化的进步，他们梦想着一个自由、富强的国家。因为他们的不懈追求和努力，我们才有了今天的进步和发展。

许鸣继续讲述五四运动理念中的民主。他解释说，民主是一种平等和尊重的精神，每个人都有发声的权利，这样才能更好地参与决策和建设。他肯定了五四运动中学生们举行示威游行、争取自身权益的勇气和追求，强调这种勇敢和追求应该一直延续下去。

最后，许鸣强调了科学对社会进步的重要性。他说，科学是帮助我们认识世界和解决问题的工具。五四运动中学生们倡导推广科学精神，相信科学的力量能够改变社会和人们的生活。

1. 请学生说一说，上述故事中都体现了哪些五四青年节的庆祝方式，还有哪些其他庆祝方式。
2. 请学生说一说，在五四青年节期间，最应该注意什么。
3. 教师准备一些关于五四青年节庆祝方式的谜语，每一个谜语对应一个庆祝方式。例如"哪种活动可以传递爱心，帮助他人？（志愿者活动）"等。将学生分组，以小组形式答题，答对题数最多的小组获胜。

评 析

学生通过了解和学习五四青年节的不同庆祝方式，能够感受到五四运动所带来的精神启示，激发爱国情怀，追求进步和创新，理解民主和科学的价值。这些都能够对成长和发展产生积极的影响，有利于学生成为有责任感、有进取心的新一代青年。

扩 展 习 题

1. 五四青年节是哪一天？（   ）
   A. 5 月 1 日　　　　B. 6 月 1 日　　　　C. 5 月 4 日　　　　D. 5 月 14 日
2. 五四青年节这天可以组织的活动是（   ）。
   A. 五四主题文艺演出　　　　　　B. 电子游戏比赛
   C. 厨艺比赛　　　　　　　　　　D. 出门旅游
3. 五四青年节是为了纪念（   ）。
   A. 香港回归　　　B. 五四运动　　　C. 共青团成立　　　D. 中国的传统节日
4. 以下哪一个演讲主题适合五四青年节？（   ）
   A. 欢度国庆，铭记中华精神
   B. 纪念端午，弘扬民族文化
   C. 弘扬五四精神，争做新时代好青年
   D. 守护童年，放飞童心
5. 中国于（   ）将每年的 5 月 4 日设定为五四青年节。
   A. 1949 年 10 月　　B. 1949 年 12 月　　C. 1950 年 12 月　　D. 1990 年 10 月
   答案：**C A B C B**

互 动 交 流 4　庆祝五四青年节的意义

在春意盎然的五月初，一个特别的日子悄然来临，那就是五四青年节。对于学生李明、王晓和赵刚来说，这一天有着特殊的意义。

李明学习成绩很好，每次考试都名列前茅，但他过于内向，不善于与人合作。王晓是一个充满激情的学生，对历史有着深厚的兴趣，但学习上有些马虎。赵刚是班里的体育委员，擅长团队合作，但学习成绩一般。

为了庆祝五四青年节，他们决定共同组织一场别开生面的活动。他们希望通过这次活动，培养爱国精神、激发学习热情、提高合作能力、弘扬创新精神。

李明提议组织一次关于"五四运动"的讲座。他们三人分工合作，李明负责整理资料，王晓负责联系校内的历史老师，赵刚负责活动的宣传。通过这次讲座，他们深入了解了五四运动的背景和意义，更加坚定了对祖国的热爱。

王晓也有自己的想法，提议举办一次知识竞赛。竞赛内容涵盖历史、科学和文学等多个领域。李明凭借扎实的知识储备，多次为团队赢得分数。这次竞赛不仅激发了大家的学习热情，也增强了团队的凝聚力。

赵刚则提出完成一次五四青年节板报设计。三人各自发挥自己的特长，李明负责板报的文字内容，王晓负责板报的绘画部分，赵刚负责整理其他同学对板报的意见并及时反馈给其他两人。在制作板报的过程中，他们遇到了许多困难，但通过团结协作，最终成功地完成了任务。这次合作让每个人都体会到了团队合作的力量。

在五四青年节期间，李明、王晓和赵刚收获颇丰。他们不仅深入了解了五四精神，更在实践中培养了爱国精神、学习热情、合作能力。这些宝贵的经验将伴随他们走过校园，走向未来的人生道路。

1. 请学生采用小组讨论的形式，说一说五四青年节与学习之间有什么联系，学习五四精神对学习有什么帮助。

2. 请学生认识和了解五四运动时期的优秀青年，说一说这些优秀青年身上有哪些值得学习的品质。

3. 教师向学生提问：为什么要培养创新能力？在当今社会，创新能力为什么重要？

评析

五四青年节不仅是纪念历史事件的重要时刻，更为人们提供了许多宝贵的机会和好处。庆祝五四青年节，可以培养学生的爱国精神、激发学生的学习热情、培养合作能力和创新精神，培养出有责任心、有才能的优秀青年，为社会的进步和国家的繁荣贡献力量。

扩展习题

1. 以下哪一项不是庆祝五四青年节的好处？（　　　）

　　A. 激发学习热情　　B. 培养创新能力　　C. 培养爱国精神　　D. 注重个人利益

2. 在五四青年节，怎样做可以激发学习热情？（　　　）

    A. 参加户外活动　　B. 学习先进事迹　　C. 玩电子游戏　　D. 观看动画片

3. 如果想在五四青年节这一天组织一个活动，下列哪一项最合适？（　　　）

    A. 书法比赛　　　　　　　　　B. 篮球比赛

    C. 集体朗诵《少年中国说》　　D. 游泳比赛

4. 庆祝五四青年节可以帮助学生（　　　）。

    A. 学习编程　　　　　　　　　B. 提高数学成绩

    C. 增强体育能力　　　　　　　D. 培养爱国精神

5. 在五四青年节的相关活动中，可以（　　　）。

    A. 积极参与，与同学合作完成互动任务

    B. 不参与活动，独自玩耍

    C. 不与同学合作，独自完成任务

    D. 在合作时，态度消极不友善

答案：D　B　C　D　A

第七章　浓情五月，感恩母亲

　　母亲是我们生命中最重要的人之一，她们用无尽的爱与付出，陪伴我们成长。她们不仅给予我们生命，更是我们成长道路上的坚强后盾。无论我们在哪里，母亲的关爱和牵挂始终伴随着我们。母亲节不仅是母亲的节日，也是我们向母亲表达感恩之情的时刻。今天，让我们共同来认识母亲节，感受母亲无私的爱吧。

　　在我们成长的道路上，母亲始终是我们最坚实的依靠，而母爱给予我们力量和温暖。以下是有关母爱的名人名言，请同学们仔细阅读，也可以与小组内成员讨论，这些名言是如何讲述母亲和母爱的。

　　1. "母爱是一种巨大的火焰。"——罗曼·罗兰

　　2. "母亲是我们生命中最重要的存在，她的爱是我们人生中最宝贵的财富。"——高尔基

　　3. "母亲，是唯一能使死神屈服的力量。"——肖洛姆-阿莱汉姆

　　4. "母爱是多么强烈、自私、狂热地占据我们整个心灵的感情。"——邓肯

　　5. "母性的力量胜过自然界的法则。"——芭芭拉·金索尔弗

　　6. "成功的时候，谁都是朋友。但只有母亲，她是失败时的伴侣。"——郑振铎

互动交流 1　母亲节的由来

　　在很久以前，古希腊的人们选择一天来纪念希腊神话中的众神之母赫拉。他们希望通过这种方式，感谢她赋予世界生命和爱的力量。

　　随着时间的流逝，这个特别的日子传到了英国。英国人决定把封斋期的第四个星期天作为母亲节。在这一天，出门在外的儿女们会回到家中，给他们的母亲带上一些小礼物，以表达对母亲的感激和尊重。

　　而在美国的费城，有一位名叫安娜·贾维斯的女子。她很特别，因为她终生未嫁，膝下无儿无女。1905 年 5 月 9 日，悲剧发生了，安娜·贾维斯的母亲离世了。她感到非常悲痛。

次年，为了纪念母亲，安娜·贾维斯决定组织一场追思母亲的活动。她鼓励其他人也以同样的方式来表达对各自母亲的感激之情。她写信给西弗吉尼亚州格拉夫顿镇的安德鲁斯循道圣公会教堂，请求为她的母亲举行特别的追思礼拜。这个教堂是她母亲生前服务了 20 多年的地方。

1908 年，教堂宣布将安娜·贾维斯母亲的忌日——5 月的第二个星期日定为母亲节。安娜·贾维斯还组织了一个委员会，开始宣传这个节日，希望将母亲节定为法定节日。她的呼吁得到了热烈的响应。1913 年 5 月 10 日，美国参众两院通过决议案，由威尔逊总统签署公告，决定每年 5 月的第二个星期日为母亲节。这一举措很快被世界各国效仿，许多国家都开始庆祝这个特殊的日子，表达对母亲的敬爱和感激之情。

随着时间的推移，母亲节在中国也逐渐流行起来。

起初，它只是在中国的港澳台地区流行。但渐渐地，这个节日开始进入中国大陆，被越来越多的人所接受和欢迎。到了 20 世纪末，随着中国与国际的日益接轨，母亲节在中国各地得到了广泛的推广。人们开始用各种方式来庆祝这个节日，表达对母亲的感激之情。无论是送上一束鲜花、一张贺卡，还是一个拥抱、一句温馨的话语，都能让母亲感受到深深的爱。

1. 请学生互相讲一讲，母亲节是如何诞生的，分为几个阶段，母亲节在国内经过了怎样的发展，尝试写出母亲节发展的时间线。
2. 请学生说一说，母亲节在各国的时间是否相同，可列举几个国家不同的母亲节时间。

评析

通过了解母亲节的起源和发展，掌握有关母亲节的基本知识，学生能够更深刻地理解设立母亲节的目的，明白这个节日的初衷是表达对母亲的感激和敬爱，有助于学生更加珍惜和感恩母亲的付出和关爱，有利于引导学生重视母亲节，重视母亲节传递的情感，重视家庭成员的情感联结。

扩展习题

1. 母亲节是每年的哪一天？（　　　）
　　A. 5 月的第 1 个星期日　　　　　　　B. 6 月的第 1 个星期日
　　C. 5 月的第 2 个星期日　　　　　　　D. 7 月的第 1 个星期日
2. 母亲节是为了纪念什么而设立的节日？（　　　）
　　A. 父亲的贡献　　　　　　　　　　　B. 母亲的贡献
　　C. 子女的成长　　　　　　　　　　　D. 家庭的团圆
3. 下列哪一位人物与母亲节的起源有关？（　　　）

A. 弗朗西斯·凯利　　　　　　　B. 安娜·贾维斯

C. 富兰克林·罗斯福　　　　　　D. 玛丽亚·蒙台梭利

答案：**C　B　B**

互动交流② 庆祝母亲节的方式

　　小学生菲菲和芸芸是一对姐妹，这天，她们在学校的角落里热烈地讨论着即将到来的母亲节。她们都想为亲爱的妈妈准备特别的礼物和祝福，让妈妈感受到深深的爱与关心。

　　菲菲决定制作一张祝福贺卡。她先挑选了一张彩纸，然后拿出各种颜色的颜料和彩笔。她认真地画上美丽的花朵和心形图案，每一个细节都力求完美。在卡片里，她用真挚的文字表达了对妈妈无尽的爱和感激，写下了许多温馨的心里话。菲菲相信，这份祝福贺卡一定会为妈妈带来温暖和喜悦。

　　芸芸则想做一个手工礼物。她找来细绳、彩色珠子和小贝壳，开始细心地编织一条漂亮的手链。她回忆起妈妈曾经说过她喜欢简约而富有意义的东西，于是特别在手链上添加了一个心形挂饰。芸芸用心地编织着，希望这份礼物能够展现出她的用心和爱意。

　　母亲节当天早晨，菲菲和芸芸早早起床，将精心准备的礼物放在妈妈的床头。看到孩子们如此用心的礼物，妈妈感到非常开心和感动。

　　不仅如此，两姐妹还提前在花店为妈妈订了一束康乃馨，美丽的康乃馨插在花瓶里，整个房间都弥漫着芬芳的香气。

　　下午，菲菲和芸芸决定帮妈妈分担家务。她们一起打扫房间、做饭和洗衣服。虽然动作略显生疏，但她们的用心和努力让妈妈倍感温馨和幸福。她们在劳动中体会到了妈妈的辛劳和付出，因此更加珍惜与妈妈相处的时光。

　　晚餐时分，菲菲和芸芸还为妈妈准备了一个惊喜，她们一起为妈妈制作了一道妈妈爱吃的菜，妈妈看到精心制作的菜肴，眼中闪烁着泪光。她告诉菲菲和芸芸，这是她收到过的最美好的礼物，更为重要的是孩子们对她的关爱与孝顺。这份爱与关心是无法用物质衡量的，它将永远珍藏在妈妈的心中。

1. 教师请学生讲一讲，庆祝母亲节还有哪些方式，自己和身边人都是用什么方式庆祝母亲节的。

2. 同桌之间相互讨论，如果要在送给母亲的节日贺卡上写一段话，会怎么写，讨论后可以举手发言。

3. 小组讨论说一说，为什么手工礼物在母亲节特别受欢迎，它相较于其他礼物有什么特别之处。

评析

在母亲节这一天，送礼或是帮助妈妈做家务都是向妈妈表达爱和感激之情的方式。通过这些方式，可以让妈妈感受到孩子的关心和用心，让她们在这一天感受到特别的温暖和幸福。无论是贺卡、鲜花还是礼物和家务，都蕴含着孩子对母亲浓厚的爱，同时也能够让家庭关系更为和谐。

扩展习题

1. 关于母亲节送礼，以下哪个说法是正确的？（　　）
   A. 礼物越贵重，意义越大
   B. 送礼可以表达对妈妈的关心和爱意
   C. 礼物不需要考虑妈妈的喜好，只需要考虑自己的喜好
   D. 送礼是向妈妈索取的一种方式

2. 在母亲节，下列哪项不是孩子们该做的事情？（　　）
   A. 责备妈妈的错误　　　　　　　B. 为妈妈做家务
   C. 为妈妈制作贺卡　　　　　　　D. 为妈妈准备早餐

3. 在选择母亲节礼物时，以下哪项不是应该考虑的因素？（　　）
   A. 妈妈的喜好和兴趣　　　　　　B. 礼物的实用性和贴心程度
   C. 礼物价格是否合理　　　　　　D. 礼物包装的华丽程度

4. 母亲节这天，除了送礼还能够为妈妈做些什么？（　　）
   A. 向妈妈索要礼物　　　　　　　B. 帮妈妈分担家务
   C. 与妈妈吵架　　　　　　　　　D. 责怪妈妈

5. 以下哪一项不是母亲节送礼的意义？（　　）
   A. 让妈妈感受到温暖和幸福　　　B. 表达对妈妈的感激之情
   C. 促进家庭和谐　　　　　　　　D. 向妈妈索要零花钱

   答案：**B A D B D**

互动交流 3　体现母爱的故事

在古代，有一位非常伟大的母亲——孟母。孟母有一个聪明伶俐的儿子，名叫孟子。孟子小时候非常活泼好动，好奇心很强，总是喜欢模仿别人的言行举止。为了给孟子一个良好的成长环境，孟母决定搬家。

第一次，孟母选择住在靠近坟地的地方。她认为这里的环境相对安静，对孩子的成长会有好处。然而，年幼的孟子却经常模仿别人筑坟墓、哭泣和祭拜。孟母看到儿

子这样的行为，心里十分担忧。她意识到这样的环境容易让孩子产生恐惧和焦虑，对孩子的成长不利。于是，她决定再次搬家。

第二次，孟母带着孟子搬到了集市附近。这里人来人往，热闹非凡，孟子可以接触到各种各样的人和事物。然而，孟子又开始模仿商人和顾客的言行举止。他经常模仿商人的吆喝声和顾客讨价还价的样子。孟母意识到集市上的喧嚣和不良影响对孩子的成长也不利，这样的环境容易让孩子养成浮躁的性格和不良习惯。于是，她又决定再次搬家。

第三次，孟母带着孟子搬到了学堂附近。这里充满了书香气息，学生们都认真学习礼节和知识。孟子开始接触到文化、礼仪和知识。他开始模仿学生们的学习行为，逐渐变得文雅起来。孟母看到儿子逐渐变得懂事、有礼貌，心里十分欣慰。她认为这里的环境对孩子的成长非常有益，决定不再搬家，就在这里定居下来。

在这个新的环境中，孟子逐渐长大，成了一位杰出的思想家和教育家。他刻苦学习，不断探索，提出了许多深刻的思想和理论。他的"性善论"和"仁政思想"发展为儒家学派的核心思想，对中国古代文化产生了深远的影响。人们纷纷称赞孟子的成就和他母亲的教育智慧。

1. 请学生说一说，上述故事体现了孟母怎样的智慧，这对孟子之后的成功产生了怎样的影响。

2. 小组内讨论，讲一讲还有哪些能体现母爱的典故，分享给其他人。

3. 寻宝小游戏：教师在教室或活动区域内，事先隐藏好若干与母爱故事相关的物品，例如《游子吟》中的针线。在规定时间内，学生找到隐藏物品后要迅速将其放到写有相应故事标题的位置。游戏分组进行，结束后找到最多物品的小组获胜，教师给予适当奖励。

评 析

母爱是无私的，母亲是我们永远的后盾。在母亲的呵护下，我们可以变得更加优秀和有爱心。有关母爱的典故能够让学生了解母爱的伟大和无私，明白如何去关爱和尊重母亲。通过学习这些典故，学生可以更好地理解母亲的辛苦和付出，学会感恩和回报。

扩 展 习 题

1. 孟母三迁的故事中，孟母之所以搬家，是为了给孟子提供一个更好的（　　）。

    A. 及时行乐的环境　　　　　　　　B. 安静的生活环境

    C. 学习和成长环境　　　　　　　　D. 社交和娱乐环境

2. "慈母手中线，游子身上衣。"这句诗描绘的是哪种情感？（　　　）

　　A. 友情　　　　　　B. 母爱　　　　　　C. 爱情　　　　　　D. 愤怒

3. 以下哪一种鲜花通常是在母亲节赠送给母亲的？（　　　）

　　A. 康乃馨　　　　　B. 玫瑰　　　　　　C. 向日葵　　　　　D. 月季

4. 以下哪个典故与母爱无关？（　　　）

　　A. 孟母三迁　　　　B. 愚公移山　　　　C. 岳母刺字　　　　D. 画荻教子

5. 以下哪一项不是我们学习母爱典故的目的？（　　　）

　　A. 让我们知道母亲的辛苦付出　　　　B. 让我们学会照顾自己

　　C. 让我们学会感恩父母　　　　　　　D. 让我们理解和尊重母亲

答案：C　B　A　B　B

互动交流 4　回馈母爱，从小事做起

在遥远的乡村，有一户普通的人家，家中有一个懂事的孩子，名叫小杰。小杰的母亲是个勤劳善良的女人，她用辛勤的劳动为家庭创造温暖。

小的时候，小杰就目睹了妈妈的辛劳。每天清晨，当村庄还在沉睡中时，妈妈已经起床忙碌。晚上，当家家户户灯火通明，共享天伦之乐时，妈妈仍在忙碌。小杰心中明白，为了这个家，妈妈付出了太多。

于是，小杰决定以行动来回报妈妈的辛勤付出。他主动陪伴妈妈，与她一起度过那些辛劳但又温馨的时光。每天放学后，他不再与伙伴们玩耍，而是回到家里帮妈妈做家务。他帮忙做饭、洗衣和打扫卫生，尽量减轻妈妈的负担。

小杰还学会了尊重妈妈。他不再对妈妈大呼小叫，而是用温和的语气与妈妈交流。每次妈妈下班回家，他都会主动接过妈妈手中的劳动工具，为妈妈换上舒适的拖鞋。他知道妈妈的辛苦，所以尽可能地让妈妈在劳累之余得到放松和温暖。

此外，小杰也了解到妈妈的愿望。他知道妈妈一直希望他能好好学习，有更好的未来。因此，他认真努力学习，希望能以此报答妈妈的养育之恩。每当遇到困难和挫折时，他都会想起妈妈那期盼的眼神，给自己加油鼓劲。

经过一段时间的努力，小杰的成绩有了明显的提升。他的努力得到了回报，他收到了重点高中的录取通知书。当小杰把录取通知书拿到妈妈面前时，妈妈的眼泪流了下来。那是喜悦的泪水，她知道自己的辛苦没有白费，小杰的未来将会更加美好。

高中毕业后，小杰考上了一所著名的大学。在大学期间，他努力学习专业知识，同时也不忘给妈妈打电话问候。每次电话中，他都会询问妈妈的身体状况和生活情况，让妈妈感受到他的关心和温暖。假期时，他会回家陪伴妈妈，为她做一顿丰盛的饭菜，和她一起度过美好的时光。

大学毕业后，小杰进入一家知名企业工作。他凭借自己的才华和努力得到了上司

的赏识和同事的认可。他知道，这一切都离不开妈妈的辛勤付出和无私奉献。他决定将妈妈接到身边，让妈妈过上更好的生活。

在城市里，小杰为妈妈买了一套温馨的房子。他每天都会回家陪伴妈妈，和她一起吃饭、聊天、散步。他知道这样的时光是无价的，他不想错过与妈妈在一起的每一个瞬间。

1. 同桌之间互相讨论，说一说在日常生活中能做哪些力所能及的小事来帮助、关心妈妈。
2. 请学生讲一讲，为什么要努力学习来回报母亲。
3. 心意传递小任务：教师邀请学生将自己认为日常生活中能为妈妈做的事情写在卡片上，如"和妈妈一起做家务""主动给妈妈按摩"等，然后将卡片随机排列让学生抽取。回到家中后，学生需按照卡片上的内容去做，在感恩妈妈的同时也能加深与妈妈的感情。

评析

母亲是一个人生命中最重要的人之一，她给予的是无私的爱和关怀以及长久的陪伴。感恩母亲，就是对母爱的回馈，也是成长中需要学会的一种美好情感。感恩母亲可以从日常生活中的点滴小事做起，从自己身边做起。同时，在日常与母亲相处的过程中要用心去理解妈妈，尊重她的意见和决定。

扩展习题

1. 如果要感恩母亲，以下哪种行为最合适？（　　）
   A. 经常和母亲吵架　　　　　　　　B. 帮助母亲做家务
   C. 不听母亲的话　　　　　　　　　D. 不努力学习，态度消极
2. 如果想要表达对母亲的感激之情，应该怎样说？（　　）
   A. "你真烦人！"　　　　　　　　　B. "你什么都不懂！"
   C. "我爱你，妈妈！"　　　　　　　D. "你真讨厌！"
3. 当妈妈为我们做饭时，我们应该怎么做？（　　）
   A. 帮忙洗菜、切菜，让母亲更加轻松
   B. 抱怨菜不好吃，要求妈妈重新做
   C. 先玩游戏，等妈妈催了再过来吃饭
   D. 坐在沙发上看电视，不理会妈妈
4. 在日常生活中，以下哪个行为体现了对母亲的尊重？（　　）
   A. 常常打断母亲的话　　　　　　　B. 在公共场合给母亲让座

C. 对母亲直呼其名　　　　　　　　　D. 对母亲爱答不理

5. 以下哪个行为是关心妈妈的表现？（　　　）

A. 经常与母亲吵架　　　　　　　　　B. 在妈妈劳累时主动帮助她

C. 对母亲的关心不以为意　　　　　　D. 不与母亲沟通

答案：B　C　A　B　B

第八章　绿色环保，低碳生活

世界环境日不仅仅是一个纪念日，更是我们共同关心地球、爱护环境的行动日。我们的地球家园正面临着许多挑战：气候变化、环境污染、野生动植物减少……这些问题看似遥远，但实际上都与我们的生活息息相关。我们每个人都是地球的一分子，我们的每一个小小行动，都能对环境产生影响。

所以，今天让我们一起来学习、探讨如何保护环境，如何为地球家园作出我们的贡献吧。

在我们的生活中，有很多名人不仅在自己的业务领域取得了卓越的成就，还非常关心大自然和环境保护。他们用自己的言行告诉我们，保护环境是我们每个人的责任。以下是关于自然和环保的一些名人名言，请同学们认真阅读，想一想为什么人们如此重视环保。

1. "大自然是善良的慈母，同时也是冷酷的屠夫。"——雨果

2. "大地给予所有人的是物质的精华，而最后，它从人们那里得到的回赠却是这些物质的垃圾。"——惠特曼

3. "只有服从大自然，才能战胜大自然。"——达尔文

4. "没有一个清洁美好的环境，再优裕的生活条件也无意义。"——曲格平

5. "大自然不会欺骗我们，欺骗我们的往往是我们自己。"——卢梭

6. "人们常常将自己周围的环境当作一种免费的商品，任意地糟蹋而不知加以珍惜。"——甘哈曼

7. "大自然的每一个领域都是美妙绝伦的。"——亚里士多德

8. "非但不能强制自然，还要服从自然。"——埃斯库罗斯

互动交流 1　世界环境日的由来

晶晶和芸芸是同班同学，两人不仅学习成绩优秀，更是班级里的小小环保倡导者。一个阳光明媚的午后，学校的花园里绿树成荫，鸟语花香，两人决定来这里散步，享

受一下午后的宁静。

她们悠闲地走在花园的小径上，谈论着最近学校发生的趣事。突然，晶晶停下了脚步，她看着花园中盛开的花朵和忙碌的蜜蜂，眼中闪过一丝深思。

"芸芸，你知道今天是什么日子吗？"晶晶问道。

芸芸摇了摇头，好奇地看着晶晶："什么日子？难道今天学校有什么特别的活动吗？"

晶晶神秘地笑了笑，她看着芸芸的眼睛，缓缓地说："今天是世界环境日。"

芸芸听后微微一愣，她思索了一下，然后回答道："哦，我知道世界环境日，但具体的内容和意义我还不太清楚。"

晶晶点了点头，她决定给芸芸详细解释一下。她深吸一口气，开始讲述："世界环境日是在第一次人类环境会议上提出的，这个会议汇聚了来自世界各地的科学家、政治家和环保人士，他们认识到环境保护的重要性。后来，这个日子被联合国大会确定为全球性的环保纪念日，目的是提醒人们关注环境问题，增强环境保护的意识，并采取积极的行动来保护我们的地球家园。"

芸芸听后，心中感到一丝震撼。她感慨地说："原来这个节日的背后有这么多的故事和意义啊！我们作为地球的一分子，确实应该更加关注环境问题，为保护环境尽一份力。"

晶晶听后无比欣慰。她知道，芸芸的加入会让他们的环保行动更加有力。

之后，两人继续走在花园的小径上，谈论着如何在学校和家里宣传环保知识，如何鼓励更多的人投入环保行动。她们决心要用自己的行动，为关爱地球、保护环境贡献一分力量。

1. 请学生说一说，为什么要召开人类环境会议。

2. 请学生讲一讲，环境保护和各个国家有什么关系。

3. 制作环保标志小游戏：教师提前准备好纸张、胶水、颜料等材料，请学生以小组为单位，根据世界环境日的历史和意义，融合自己对环保的理解制作一个环保标志，可以是一个图标，也可以是一个立体模型，制作过程分组进行。完成后请每小组派代表上台分享标志的设计思路和寓意。

评 析

通过了解世界环境日的由来，学生知道了这个特别的日子是在第一次人类环境会议上提出的，并由联合国大会确定为全球性的纪念日。教师可以引导学生理解保护环境不仅仅是中国或者某个国家的事情，而是全世界所有人都应该关心和努力的事情。地球是我们共同的家园，每个人都有责任爱护它、保护它，让地球的环境更加美好。

扩展习题

1. 世界环境日是在哪个会议上首次提出的？（ ）
   A. 联合国大会　　　　　　　　　　B. 第一次人类环境会议
   C. 世界自然保护联盟　　　　　　　D. 环保志愿者大会

2. 世界环境日是联合国确定的（ ）。
   A. 体育比赛日　　　　　　　　　　B. 商家促销日
   C. 强调保护环境的全球性节日　　　D. 纪念日

3. 世界环境日的主要目的是（ ）。
   A. 提高人们对环境问题的认识　　　B. 增加旅游人数
   C. 促进经济发展　　　　　　　　　D. 增加环保组织的收入

4. 为什么保护环境是全世界的责任？（ ）
   A. 因为每个国家都要遵守联合国的规定
   B. 因为环保可以让我们变得更富有
   C. 因为环保可以让我们更受欢迎
   D. 因为地球是全世界人民的共同家园

5. 世界环境日是每年的哪一天？（ ）
   A. 6月1日　　　　B. 6月4日　　　　C. 6月5日　　　　D. 7月5日
   答案：**B　C　A　D　C**

互动交流②　设立世界环境日的原因

在一个阳光明媚的早晨，李老师走进教室。她微笑着走到讲台前，准备开始今天的课程。

李老师说道："同学们，你们知道今天是什么日子吗？"

学生们面面相觑，纷纷摇头表示不知道。

李老师微笑着解释道："今天是世界环境日，一个全球性的节日，旨在提醒我们关注环境问题，提高环保意识，鼓励我们参与环保行动，共同应对环境挑战。"

学生们听后纷纷露出好奇的表情，小张抢先问道："老师，为什么要设立这个节日呢？我们平时不是也在学习环保知识吗？"

李老师点点头，认真地说："确实，环境问题已经引起了全球的关注。但是，你们知道吗？环境问题的严重性远远超出我们的想象。气候变化、资源短缺、生物多样性丧失……这些问题不仅影响我们的生活，还可能威胁到人类的未来。"

学生们听后纷纷露出担忧的神色，小王问道："那我们作为学生，能为保护环境做些什么呢？"

李老师鼓励道："作为学生，你们也可以为环保事业贡献自己的一分力量。比如，你们可以减少使用一次性塑料制品，节约用水和用电，多骑自行车或步行上学，少坐私家车。此外，你们还可以参与学校的环保活动，如捡垃圾、种树等。通过这些行动，我们可以共同为保护环境尽一份力。"

学生们听后纷纷表示愿意参与环保行动，小丽说道："那我们今天就组织一次教室清洁活动吧！我们可以一起打扫教室，清理垃圾，让我们的学习环境变得更加整洁。"

李老师笑着点头："好主意！让我们一起行动起来，为地球献出一份爱心。"

于是，学生们开始忙碌起来，有的打扫卫生，有的整理书桌，有的收集可回收物品。

活动结束后，小李感慨地说："今天真是有意义的一天。我不仅了解了世界环境日的由来和意义，还亲身参与了环保行动。我相信，只要我们每个人都尽一份力，环境问题一定可以得到改善。"

小张也深有感触："没错，环保事业需要我们每个人的参与和努力。世界环境日提醒我们关注环境问题，共同为地球的可持续发展贡献一分力量。"

学生们相视而笑，心中充满了对未来的信心和希望。他们知道，只要每个人都尽一份力，地球一定会变得更加美好。

1. 请学生以小组为单位，说说环境问题为什么如此重要，保护环境意味着什么。

2. 请学生讲一讲人类还面临哪些其他环境问题。

3. 环境问题大连线：教师事先准备好若干环境问题的图片，如空气污染、水源污染等，请学生上台将图片和对应问题连线，以此来加深学生对环境问题的认识。

评析

世界环境日的设立，是为了让人们意识到保护环境的重要性。人们面临着许多环境问题，比如空气污染、水污染和垃圾围城等。这些问题不仅影响人们的健康和生活质量，还可能威胁到许多动植物的生存。通过学习和了解世界环境日，可以更加关注这些问题，提高环保意识。只有每个人都积极参与环保行动，才能共同应对环境挑战，保护美丽的家园。

扩展习题

1. 我们为什么要提高环保意识？（　　　）

　A. 因为环保意识可以提高我们的学习成绩

　B. 因为环保意识可以让我们变得更富有

　C. 因为环境问题关系到我们的健康和生活质量

　D. 因为环保意识可以让我们有更多娱乐时间

2. 以下哪一项不是环保行为？（　　　）

  A. 节约用水   B. 垃圾分类

  C. 减少使用塑料袋   D. 乱砍滥伐树木

3. 当人们过度使用塑料，且随意丢弃时，可能会导致（　　　）。

  A. 天空变得更蓝   B. 河流和海洋被污染

  C. 植物生长得更快   D. 动物有更好的生存环境

4. 乱砍滥伐可能会导致（　　　）。

  A. 气候规律失衡   B. 生态环境变好

  C. 植物生长环境变好   D. 河流水量越来越充沛

5. 以下哪一项不是设立世界环境日的作用？（　　　）

  A. 鼓励人们积极参与环保行动   B. 鼓励人们增加娱乐时间

  C. 引起各国共同关注环境问题   D. 倡导保护地球家园

答案：C　D　B　A　B

互动交流3　关于世界环境日的活动

  一天清晨，在学校里，阿力和他的同学们聚集在操场上，兴奋地讨论着即将到来的世界环境日。他们决定为这个特殊的日子策划一系列活动，以此来宣传环保知识，增强大家的环保意识。

  阿力是班级的环保小卫士，他首先提议举办一场环境问题教育讲座。他找到了一位环保专家，邀请他来到学校，为同学们讲解环境问题的严重性以及我们每个人在日常生活中可以作出的贡献。讲座中，专家通过生动的图片和实例，让同学们深刻认识到环境污染、气候变化等问题的紧迫性，并介绍了节约能源、减少废弃物排放等环保小妙招。

  听完讲座后，同学们深受启发，纷纷表示要行动起来，为保护环境出一份力。于是，他们决定组织一次环境清理活动。在周末的早上，阿力和同学们带着垃圾袋、手套等工具，来到了附近的公园。他们分成几个小组，有的负责捡拾地上的垃圾，有的负责清理河道边的杂物，还有的负责向游客宣传环保知识。经过几个小时的努力，公园变得干净整洁，同学们的脸上也洋溢着满足和自豪的笑容。

  除了环境清理活动，同学们还计划组织一次植树活动。他们在学校申请了一块空地，并购买了一些树苗和植树工具。周末，全校的师生都来到了这块空地上，大家齐心协力，挖坑、培土、浇水，共同为校园增添了一片新绿。阿力看着一棵棵小树苗，心中充满了期待和希望。

  为了让更多的人了解环保知识，同学们还制作了一些环保宣传海报，张贴在校园的显眼位置。海报上画有蓝天白云、绿树成荫的美景，还有简洁明了的环保标语，如

"珍爱地球，从我做起""绿色出行，低碳生活"等。这些海报不仅吸引了同学们的目光，也引起了老师们的关注。

在世界环境日当天，学校还组织了一次环保知识竞赛。同学们通过答题的形式，巩固和拓展了自己的环保知识。竞赛过程中，大家积极思考、踊跃抢答，现场气氛既紧张又活跃。最终，阿力和他的团队凭借出色的表现，获得了竞赛的一等奖。

通过这一系列活动，同学们不仅学到了很多环保知识，还亲身体验了保护环境的乐趣和意义。他们意识到，保护环境并非遥不可及，每个人都可以从身边的小事做起，为创造一个更美好的世界贡献自己的力量。

1. 教师请学生根据上述故事，总结一下在世界环境日都可以进行哪些活动，还有哪些其他活动。
2. 教师组织学生开展植树活动。
3. 教师请学生为环保宣传活动想一个活动标题，并说说标题构思。

评 析

通过了解世界环境日的有关活动，学生可以知道环境问题的严重性。通过参加环境问题教育讲座，学生能够增长知识，认识到保护环境的重要性。通过参与环境清理活动，学生可以设身处地体验到清理垃圾、美化环境的乐趣，明白每个人都可以为环境保护出一份力。植树活动有助于学生了解到树木对环境的巨大贡献。宣传环保知识则能够将保护环境的理念传递给更多的人。引导学生了解世界环境日的各项活动可以让学生更加珍惜和爱护我们的地球，从小事做起，为创造一个更美好的世界贡献自己的力量。

扩 展 习 题

1. 植树活动的好处不包括（　　　）。
　　A. 为地球提供更多氧气　　　　　　B. 增加多余垃圾
　　C. 有效防止水土流失　　　　　　　D. 减少噪声
2. 对待环保知识宣传的正确态度是（　　　）。
　　A. 随意丢弃宣传单　　　　　　　　B. 不理睬他人的环保提议
　　C. 向身边的人讲解环保的重要性　　D. 破坏环保宣传设施
3. 以下哪项行为是在宣传环保知识？（　　　）
　　A. 与同学分享如何节省零花钱　　　B. 告诉朋友节约用水的方法
　　C. 与同学交流学习经验　　　　　　D. 向老师请教如何提高数学成绩
4. 以下哪项活动可以帮助我们了解环境问题的严重性？（　　　）
　　A. 参加环境问题教育讲座　　　　　B. 去公园玩耍

C. 看一部动画片   D. 多写作业

5. 参与环境清理活动时，应该怎么做？（   ）

    A. 随地吐痰   B. 捡拾地上的垃圾

    C. 随处乱涂乱画   D. 随意摘取花朵

答案：**B C B A B**

互动交流 ④   保护自然环境的意义

在一个宁静的小镇上，生活着一群热爱自然的人。这个小镇四周环绕着茂密的森林，河流穿城而过，自然资源丰富。小镇的居民们深知生物多样性对于保护环境的重要性，因此，他们致力于保护自然资源，减少浪费，以缓解气候变化带来的影响。

小镇的中心有一座古老的图书馆，图书馆里珍藏着许多关于自然和环保的书籍。一天，小镇的环保组织决定举办一场关于生物多样性的讲座，邀请当地的生物学家来为大家讲解生物多样性的重要性。

讲座当天，图书馆里座无虚席。生物学家通过生动的案例和翔实的数据，向大家展示了生物多样性的魅力。他解释说，生物多样性不仅让地球变得更加丰富多彩，还是维持生态平衡的关键。当生物多样性受到威胁时，整个生态系统都会受到影响，甚至威胁到人类的生存。

讲座结束后，小镇的居民们深受触动。他们意识到，保护生物多样性不仅是科学家的责任，更是每个人的义务。于是，他们决定共同行动起来，为保护小镇的生物多样性贡献力量。

小镇的居民们开始积极参与各种环保活动。他们自发组成志愿者团队，定期到森林和河流附近清理垃圾，保护野生动植物的栖息地。他们还发起了"绿色出行"倡议，鼓励居民们骑自行车或步行出行，减少汽车尾气对环境的污染。

除了保护自然环境和生态系统，小镇居民们还关注资源的合理利用和减少浪费。他们推广节水节电的小妙招，鼓励居民们在家里安装节能设备，减少浪费。小镇的餐馆和商店也开始采用环保包装，减少一次性塑料用品的使用。

随着时间的推移，小镇的环保行动取得了显著成效。森林里的动植物种类越来越丰富，河流变得清澈透明，空气质量也大幅提升。小镇成为了一个宜居、宜游的绿色生态示范区，吸引了越来越多的人前来参观和学习。

然而，保护环境的道路并不平坦。小镇也面临着一些挑战，如气候变化、外来物种入侵等问题。但小镇的居民们并没有因此气馁，他们坚信只要大家齐心协力，就一定能够克服这些困难，守护好这片美丽的土地。

1. 请学生互相讨论，讲一讲什么是自然资源，它和保护环境有什么关系。

2. 请学生设想一下，如果生活在一个生物多样性匮乏的世界，会是怎样的场景。

评 析

保护环境对每个人来说都非常重要，因为地球是人类共同的家。保护环境就像是爱护自己的家一样，只有让家里干净整洁，生活才能更舒适。各种各样的生物就像是家里的不同成员，每个成员都很重要，他们一起让家变得更加丰富多彩。自然资源就像是家里的各种物品，生活中需要他们。教师应引导学生理解如果不珍惜这些资源，随意浪费，就像是把家里的东西乱丢乱扔，不仅会让家里变得杂乱无章，还会给地球带来很大的负担。就像人们不喜欢住在脏乱的环境里一样，地球也不喜欢被污染和破坏。

扩展习题

1. 下列哪项不属于自然资源？（ ）
   A. 水 　　　　　B. 土地 　　　　　C. 森林 　　　　　D. 塑料

2. 浪费资源可能会导致什么后果？（ ）
   A. 资源变得更加丰富
   B. 资源的过度消耗和大量废弃物、污染物的产生
   C. 环境污染减少
   D. 动植物数量增加

3. 以下哪个行为有助于保护生物多样性？（ ）
   A. 保护动植物及其栖息地 　　　　　B. 乱丢垃圾
   C. 过度开采矿产 　　　　　D. 过度使用化肥和农药

4. 下列哪项行为可以帮助缓解气候极端变化？（ ）
   A. 砍伐森林 　　　　　B. 大量使用私家车
   C. 过度开采矿产 　　　　　D. 种植更多的树木，减少碳排放

5. 为什么保护生物多样性很重要？（ ）
   A. 可以增加经济收益
   B. 可以获得更多的食物
   C. 有助于维持生态平衡，保持环境健康
   D. 可以使人心情愉悦

答案：**D B A D C**

互 动 交 流 5 保护环境，从小事做起

在一个阳光明媚的周末，张路和李丽决定去公园玩耍。在去公园的路上，他们经过了一个正在滴水的水龙头，张路停下了脚步，他皱起眉头，对身边的李丽说："你看，

这个水龙头没有关紧，这样滴水下去，会浪费多少水啊！"

李丽不以为意地说："哎呀，这又不是我们家的水龙头，关我们什么事。"

张路摇摇头，认真地说："水是我们宝贵的自然资源，每一滴水都值得珍惜。如果我们不节约用水，地球上的水资源会越来越少，到时候后悔都来不及。"说完，张路走过去关紧了水龙头。

他们继续往前走，路过一家超市时，张路看到门口有人正在发放免费的塑料袋。他想起老师在课堂上讲过的知识，塑料袋是一种难以降解的塑料垃圾，对环境造成了很大的污染。于是，他走上前去，礼貌地对工作人员说："阿姨，能不能不要发放免费的塑料袋呢？我们可以自己带环保袋来购物。"

工作人员有些惊讶，但还是微笑着点了点头，说："你真是个懂事的孩子，我们会考虑的。"

接着，他们来到了公园。公园里绿树成荫，鸟语花香。张路看到草地上有一个被丢弃的塑料瓶，他立即走过去捡起来，放进了附近的垃圾桶里。他还发现垃圾桶旁边有一块提示牌，上面写着："请进行垃圾分类，保护我们的环境。"

张路对李丽说："我们来一起做个游戏吧，我们把公园里的垃圾都捡起来，然后分类投放到垃圾桶里。"

李丽积极响应，他们一边玩耍，一边捡拾垃圾。

在公园的一角，他们看到了一只受伤的小鸟。张路心疼地说："小鸟也是我们的朋友，我们应该保护它。"于是，他们小心翼翼地为小鸟包扎伤口，并把它送到了附近的动物保护中心。

太阳渐渐西落，张路和李丽满载而归。他们不仅度过了一个愉快的周末，还学会了如何在日常生活中保护环境。他们明白，保护环境并不是一件遥不可及的大事，可以从身边的小事做起，从节约一滴水、减少一片塑料、进行一次垃圾分类、爱护每一个生命开始。

> 1. 请学生以小组为单位，说一说什么是垃圾分类，为什么要进行垃圾分类，垃圾分类的标准又是什么，并派代表发言。
> 2. 请学生讲一讲在日常生活中，保护环境还有哪些其他方式。

评析

在日常生活中保护环境可以使地球更美好，一个干净、整洁的环境能让生活更加舒适。地球是人类共同的家园，人类有义务保护它，让后代也能享受到美好的自然环境。水、土壤、森林等都是宝贵的自然资源，只有保护好它们，人类才能持续利用这些资源，满足生活需求。因此，教师应引导学生从身边的小事做起，节约用水、减少塑料使用、进行垃圾分类、爱护动物和植物。这些行动不仅能帮助保护环境，还有助于养成良好的生活习惯。

扩展习题

1. 我们在日常生活中应该如何节约用水？（ ）
   A. 洗脸或刷牙时不用关水龙头　　　　　B. 每次用完水后及时关闭水龙头
   C. 洗澡时用水越多越好　　　　　　　　D. 经常因乐趣随意地玩水

2. 为了减少塑料垃圾，可以采取以下哪种措施？（ ）
   A. 自己带水杯和餐具，减少使用一次性塑料
   B. 多使用一次性塑料袋
   C. 购物时尽可能多地使用塑料袋
   D. 随便丢弃塑料垃圾

3. 以下哪一项是垃圾分类的意义之一？（ ）
   A. 增加清洁工的工作量
   B. 让可回收的垃圾得到回收利用，减少资源浪费
   C. 随便扔垃圾，不用分类
   D. 加大能源消耗

4. 当看到有人伤害动物或植物时，应该怎么做？（ ）
   A. 无视，因为这不是自己应该关心的问题
   B. 阻止他们，并告诉他们要爱护动物和植物
   C. 跟着他们一起伤害动物和植物
   D. 站在一旁观看，默不作声

5. 在日常生活中，哪种行为不利于环境保护？（ ）
   A. 用节能电器减少电力消耗
   B. 二次利用洗菜水
   C. 将废弃电池与其他垃圾混合丢弃
   D. 骑自行车或步行代替开车

答案：B A B B C

第九章　快乐端午，你我共享

在我国，有许多重要的传统节日，而端午节就是其中之一。作为中国四大传统节日之一的端午，有着源远流长的历史和丰富的文化内涵。今天，就让我们一起了解端午节的文化习俗，感受端午的节日氛围与精神，传承中华民族优秀传统文化吧。

诗词，历来是中华民族的文化瑰宝，而端午节作为中国重要的传统节日，古往今来有许多的诗词作品描写过它，下面这些就是有关端午节的诗词佳句，请同学们仔细阅读，认真感受作者在写下这些诗句时的内心情感。

1."宫衣亦有名，端午被恩荣。"——唐·杜甫《端午日赐衣》

2."高咏楚词酬午日，天涯节序匆匆。"——宋·陈与义《临江仙·高咏楚词酬午日》

3."轻汗微微透碧纨，明朝端午浴芳兰。"——宋·苏轼《浣溪沙·端午》

4."端午临中夏，时清日复长。"——唐·李隆基《端午》

5."沈湘人去已远，劝君休对酒，感时怀古。"——宋·杨无咎《齐天乐·端午》

6."独写菖蒲竹叶杯，蓬城芳草踏初回。"——明·汤显祖《午日处州禁竞渡》

7."年年端午风兼雨，似为屈原陈昔冤。"——宋·赵蕃《端午三首其一》

8."但夸端午节，谁荐屈原祠。"——唐·褚朝阳《五丝》

9."仙宫长命缕，端午降殊私。"——唐·窦叔向《端午日恩赐百索》

10."鹤发垂肩尺许长，离家三十五端阳。"——唐·殷尧藩《同州端午》

互动交流 ❶ 端午节的起源

战国时期，有一位名叫屈原的大臣，他非常热爱自己的国家和人民。他总是直言不讳，不怕得罪权贵，一心只想着国家和人民的福祉。他深知作为一名国之大臣，对国民的安乐、国家的强盛岂能不忧。

然而，屈原的直言和改革主张却引起了其他大臣的嫉妒和排挤。那些守旧的大臣害怕自己的利益受损，他们联手诬陷屈原，说他图谋不轨，意欲颠覆王权。由于这些子虚乌有的罪名，屈原被流放到了远离都城的偏远之地。

尽管遭受不白之冤，屈原的内心仍然坚定地热爱着自己的国家和人民。他在流放之地，始终关注着国家的动态，时刻挂念着人民。他深知自己的使命尚未完成，他不能就这样放弃。在屈原六十多岁的时候传来楚国被不断攻陷，楚顷襄王和大臣们狼狈不堪地逃难的消息。在农历五月初五这一天，在无尽的苦闷和失望中，屈原选择了抱石投进汨罗江。

当地人民对屈原的爱国情怀深感钦佩，他们纷纷划船前来捞救，最终还是没有找到屈原的尸体。后来，人们自发地将饭团、鸡蛋等食物丢入江中，希望以此喂饱江中的鱼虫虾蟹，使它们不去咬食屈原的身体。更有人倒入雄黄酒，希望能药晕蛟龙水兽，使其不去伤害屈原。人们将饭团等食材带到江边，用树叶包裹饭团、彩丝缠住饭团制成饭囊，这便是现在我们所见的粽子的雏形。

自此以后，每年农历五月初五，民间便有了划龙舟、吃粽子、饮雄黄酒的风俗。这些习俗不仅是对屈原的怀念，更是对楚国文化的传承和弘扬。人们通过这些活动，来表达对屈原的敬意和对国家的热爱。

1. 教师可以用视频、文字、图片展示有关屈原生平的资料和故事，请学生说一说他是怎样的一个人。
2. 请学生结合资料，小组内讨论屈原为什么要跳江，端午节的习俗与屈原跳江有什么联系。

评析

通过学习屈原的故事，学生不仅能够了解端午节的起源，更能感受到屈原的爱国情怀和不怕牺牲的精神，更好地理解什么是忠诚、什么是爱国、什么是真正的勇敢和坚定。同时，这个故事也告诉学生要传承中华民族的文化传统，学会不怕困难和勇于改革的精神。因此，了解屈原的故事，有助于学生更好地了解中国传统文化，培养正确的价值观和人生观。

扩 展 习 题

1. 相传，端午节是为了纪念哪位历史人物？（　　　）
  A. 孔子　　　　　　B. 李白　　　　　　C. 屈原　　　　　　D. 曹操
2. 屈原自尽于（　　　）。
  A. 长江　　　　　　B. 汨罗江　　　　　C. 黄河　　　　　　D. 西湖
3. 以下哪一项是屈原的作品？（　　　）
  A.《静夜思》　　　　　　　　　　B.《登鹳雀楼》

C.《望庐山瀑布》　　　　　　　　　D.《离骚》

4. 以下选项中，哪一项不是屈原投江自尽的原因？（　　　）

　　A. 国家危机无能为力　　　　　　　B. 身患重病

　　C. 治国抱负不能实现　　　　　　　D. 受到他人排挤陷害

5. 屈原的故事体现了怎样的精神？（　　　）

　　A. 谦虚谨慎，不骄不躁　　　　　　B. 宽以待人，严以律己

　　C. 爱国爱民，忠诚奉献　　　　　　D. 努力学习，争做上游

答案：C B D B C

互动交流 2　端午节的习俗

　　王可是一个活泼好动的青年，他喜欢放学后和朋友们一起玩耍，每逢节日更是异常兴奋。端午节马上就要到了，王可早早地被端午节的气氛所包围。今年的端午节，王可决定参加赛龙舟比赛。

　　端午节的当天，王可一早就迫不及待地来到江边，准备参加赛龙舟的活动。

　　赛龙舟开始了！王可和他的小伙伴们一起踏上龙舟，他们都经过刻苦的训练，对比赛非常有信心。比赛一开始，他们立即用力划桨，团结一心。他们的龙舟速度快，顺利地超过了其他队伍，一时间成为赛场的焦点。

　　在欢呼声和助威声中，王可和他的队伍终于冲过终点线。大家欢呼雀跃，他们成功地获得了第一名。王可兴奋地高举起自己的奖牌，感受到了胜利的喜悦和团队合作的力量。他意识到，通过团结协作，每个人都可以变得更强大。

　　赛龙舟结束后，王可和爷爷一起走到一片郁郁葱葱的艾草地。王可帮助爷爷摘下一捧新鲜的艾草，绑成一束。王可笑着说："爷爷，将艾草放在家门口能驱虫，还可以保佑我们平安健康吗？"爷爷点点头，很开心王可能明白其中的含义。

　　接着，王可和爷爷一起回家，拿出五彩的绳子，亲自编织了一根五彩绳。爷爷把绳子系在了王可的手腕上，告诉他五彩绳代表着祝福和幸运。王可高兴地看着手腕上戴着的五彩绳，他知道这是爷爷对他的祝福。

　　午后时分，阳光明媚，王可带着自己的风筝来到了空地。他把风筝放在地上，轻扬了一把，风筝顿时升上了空中。王可紧握着线，风筝在蓝天上翩翩起舞，在空中绘出了一道美丽的弧线。

　　太阳很快落山了，王可也结束了一天的活动。在这一天里，王可体验了端午节丰富多彩的习俗，感受到了端午节独有的节日氛围，同时也在乐趣中收获了知识。

1. 请学生举手抢答，在上述故事中，都有哪些端午节的习俗，每一个习俗的含义是什么。

2. 请同桌之间互相讲一讲，还知道哪些不一样的端午节习俗，讨论过后可以上台分享。

3. 教师可以组织一个有关端午节习俗的小游戏，如端午习俗知识小竞赛，请学生以小组接力的形式回答端午习俗的相关问题，看看哪个小组正确率最高。

评析

通过了解端午节的习俗，学生不仅可以感受节日乐趣和氛围，还能够更好地了解中国的传统文化和历史，不忘爱国初心，增强民族自豪感和文化自信心，有助于传承中华民族优秀品德。同时，学生学习端午节习俗还可以拓展视野，了解不同地域和民族的文化差异和特色，增强文化包容心和相互尊重的意识。

扩展习题

1. 端午节为什么要挂艾草？（　　　）
   A. 为了祈求姻缘　　　　　　　　　B. 为了祈求平安健康，驱蚊虫
   C. 为了美化环境　　　　　　　　　D. 为了庆祝丰收

2. 以下哪一项是端午节的习俗？（　　　）
   A. 赛龙舟、吃粽子、挂艾草　　　　B. 放鞭炮、吃汤圆、放烟花
   C. 拜年、贴春联、舞龙舞狮　　　　D. 赏月、吃月饼、看花灯

3. 端午节在农历的哪一天？（　　　）
   A. 九月初九　　　B. 三月初三　　　C. 五月初五　　　D. 正月初一

4. 端午节时，人们通常会佩戴（　　　）。
   A. 蓝色围巾　　　B. 红色头绳　　　C. 白色手链　　　D. 五彩绳

5. 以下哪一项不是端午节人们佩戴五彩绳的含义？（　　　）
   A. 驱邪避疫　　　B. 祈求姻缘　　　C. 祈福纳吉　　　D. 祛病延年

   答案：**B　A　C　D　B**

互动交流 3　端午节的特色饮食

在一个小村庄里，人们过着平静而美好的生活。这个村庄坐落在青山绿水之间，村民们勤劳善良，彼此关爱。村庄里有个传统，那就是在端午节这天，家家户户都要吃粽子、喝雄黄酒。

端午节这天，村里的孩子们早早地起床，争先恐后地去采摘新鲜的粽叶。他们将粽叶带回家，与家人一起包粽子。大人们则忙着准备糯米、红枣、绿豆、蛋黄等食材。

家家户户的厨房里弥漫着糯米和粽叶的香气，令人垂涎欲滴。

包粽子可是个技术活，但村民们心灵手巧，将两片粽叶折成漏斗状，放入糯米和其他食材，然后用线将粽子紧紧地捆绑起来。不一会儿，一个个绿色的粽子就在大家的巧手中诞生了。

粽子包好后，村民们会将其放入锅中蒸煮。这时，家家户户的灶台上升起了袅袅炊烟。慢慢地，粽子的香味弥漫开来。孩子们围在灶台边，眼巴巴地等待着粽子的出锅。

与此同时，大人们也在忙着准备雄黄酒。他们将雄黄、白酒和糖按照一定的比例混合在一起，然后倒入一个大缸中。雄黄酒不仅口感醇厚，而且据说还有驱邪避疫的功效。

当粽子煮熟时，整个村庄都沉浸在欢声笑语中。大家围坐在一起，品尝着美味的粽子。粽子糯软可口，馅料丰富多样，有肉的、有蛋黄的、有豆沙的……孩子们则喜欢比谁的粽子更大、更漂亮。

吃完粽子后，村民们会喝上一碗雄黄酒。大家举杯畅饮，祝愿家人平安健康、五谷丰登。在雄黄酒的醇香中，大家的心情更加愉悦了。

村子里还住着一家朝鲜族人，在端午节这天，他们会将艾蒿与糯米饭放置于独木凿成的大木槽里，用长柄木捶打成米糕。制作完成后，这一家人也会将打糕切成小块，分发给其他村民朋友品尝。打糕口感软糯，甜而不腻，深受大家的喜爱。

在端午节这个特殊的日子里，小村庄充满了欢声笑语和温馨祥和的氛围。大家通过传承包粽子、喝雄黄酒、吃打糕等传统习俗，感受到了家的温暖和亲情的珍贵。他们相信只要家人团聚在一起，无论遇到什么困难都能勇敢面对、共同克服。

1. 请学生讲一讲，端午节还有哪些特色饮食。
2. 请学生以小组为单位，讨论端午节独特饮食背后蕴含着中华民族怎样的文化内涵。
3. 端午美食猜猜乐：教师事先准备好若干写有不同端午节美食特征的卡片（如"糯米里面有大枣，鸭蛋咸肉少不了"），学生分组抽取卡片，根据卡片上的描述猜出对应食物，如果猜错了，其他小组有机会抢答。游戏结束后答对最多的小组获胜。

评析

端午节的饮食习俗是中国文化的重要组成部分。通过了解端午节的饮食习俗，学生可以更好地了解中国的传统文化和历史。同时，学生还可以了解到粽子等独特食物的制作方法和营养价值，加深对这些食物的认识。除此之外，了解端午特色食物还有助于培养学生的社交能力。在端午节期间，人们会互相赠送粽子、品尝美食，这有助于增进彼此之间的友谊。

扩展习题

1. 端午节期间，人们为什么要吃粽子？（　　　）
    A. 因为粽子可以治病　　　　　　B. 因为吃粽子能驱赶蚊虫
    C. 为了纪念屈原　　　　　　　　D. 因为粽子很好吃
2. 端午节的传统饮品是（　　　）。
    A. 牛奶　　　　　　B. 雄黄酒　　　　　　C. 红酒　　　　　　D. 橙汁
3. 包粽子时通常采用的食材是（　　　）。
    A. 糯米　　　　　　B. 小麦粉　　　　　　C. 淀粉　　　　　　D. 玉米面粉
答案：**C　B　A**

互动交流④　庆祝端午节的意义

有一个美丽的村庄，它的名字叫作翠竹村。这个村庄被一片茂密的竹林所环绕，清泉在石头上流淌。每年的端午节，村民们都会穿上盛装，举行盛大的庆祝活动。今年，村里的小学生李明想要深入了解端午节的意义，并向村民们讲述这个节日的故事。

李明首先来到了村里的老者李爷爷家。李爷爷是村里最年长的人，他见证了翠竹村的历史变迁。李明向李爷爷请教端午节的意义。李爷爷微笑着告诉他，端午节是为了纪念古代的爱国诗人屈原。屈原是一位忠诚而正直的大臣，他为了国家的繁荣昌盛而努力，但遭受了不公正的待遇，被迫离开都城。屈原在流亡中，深感无助和痛苦，他选择了以身殉国，以此表达对国家和人民的忠诚。

李爷爷的话语充满了感慨和敬意。他告诉李明，在端午节这天，人们通过划龙舟、吃粽子、饮雄黄酒等活动来表达对屈原的怀念和敬意。划龙舟象征着团结和力量，吃粽子则表达了对屈原的怀念和敬仰，而饮雄黄酒则是为了祈求身体健康。

接着，李明又去请教村里的医生张伯伯。张伯伯是村里最有名的医生，他精通中医和针灸，深受村民们的尊敬。张伯伯告诉他，在古代，人们认为五月是疾病易发的月份，而端午节的各种习俗能够驱赶邪气，保佑人们身体健康。因此，端午节也是人们祈求健康和平安的日子。

张伯伯还告诉李明，端午节期间，人们会用草药来泡澡、洗眼、漱口等，以此达到预防疾病和保持健康的目的。这些习俗不仅是中国传统医学的一部分，也是中国人民智慧的结晶。

然后，李明来到村里的竹编手工艺人王阿姨家。王阿姨是村里最擅长竹编的人，她的手艺精湛，编制的竹制品既美观又实用。李明向王阿姨请教端午节与竹编的关系，王阿姨告诉他，端午节是家人团聚的日子。在端午节这天，家人们会一起包粽子、制作龙舟、品尝美食，共同度过一个温馨的节日。这对于增强家庭凝聚力和传承传统文化都非常重要。

王阿姨还告诉李明，竹子在端午节中也有着特殊的含义。竹子象征着坚韧不拔、高雅纯洁的品质，而制作端午节的龙舟时也会用到竹子。在翠竹村，每年端午节都会举行龙舟比赛，村里的男子们齐心协力地划动龙舟，展现他们的勇气和力量。

最后，李明回到学校，向同学们讲述了端午节的意义。他告诉同学们，端午节不仅是一个节日，更是一个传承文化的载体。它不仅是为了纪念屈原这位爱国诗人，更是为了让我们记住先人的奋斗和牺牲，传承中华民族的优秀文化和价值观。

1. 请学生说一说，人们为什么通过端午节纪念屈原，屈原身上体现了怎样的精神。
2. 小组讨论说一说，为什么端午节是我国传统文化的重要组成部分。
3. 请学生讲一讲，端午节对于家人团聚有什么特别的意义。

评 析

了解端午节不仅是为了学习这个传统节日的相关知识，更是为了培养学生的文化素养和价值观，弘扬和传承中华民族优秀的传统文化。通过了解端午节的来源和意义，学生可以更好地理解屈原这位爱国诗人的伟大精神，以及他为国家和人民所作出的贡献。同时，通过了解端午节，学生还能够更加关注家人的健康，珍惜与家人团聚的时光，培养家庭观念和感恩之心。

扩 展 习 题

1. 关于端午节，下列哪一项是不正确的？（　　　）
   A.端午节是为了纪念屈原，表达对祖国的热爱
   B.学习端午节知识能够增强文化自信
   C.端午节是家人团聚的日子
   D.端午节是为了庆祝丰收，感谢大自然的馈赠
2. 以下哪一项不是端午节会进行的活动？（　　　）
   A.赛龙舟　　　　　B.挂艾草　　　　　C.赏花灯　　　　　D.包粽子
3. 端午节期间，人们会通过什么方式来祈求平安健康？（　　　）
   A.赛龙舟　　　　　B.挂艾草　　　　　C.吃粽子　　　　　D.包粽子
4. 端午节期间佩戴的五彩绳，其颜色包括白色、红色、黑色、（　　　）、青（蓝）色。
   A.绿色　　　　　　B.紫色　　　　　　C.黄色　　　　　　D.粉色
5. 古人认为，端午节是草木一年中药性最强的一天，因此有（　　　）的习俗。
   A.插茱萸　　　　　B.洗药草水　　　　C.打午时水　　　　D.贴午时符
   答案：D C B C B

互动交流 5　多样化的端午节

有一位名叫菲菲的中学生，她对中华传统文化非常着迷，尤其是端午节。她喜欢包粽子、赛龙舟，也喜欢听长辈们讲述关于端午节的故事。

然而，菲菲发现，许多长辈们口中的传统故事和传统习俗，随着时间的推移，都发生了许多变化。于是她决定深入了解这些变化，了解如今的端午节有什么不同。

菲菲发现端午节的庆祝方式变得更加多样化。除了传统的包粽子、赛龙舟外，还有许多新的庆祝方式出现。比如，有些地方会举办端午文化展览，展示端午节的起源、发展和习俗；还有的地方会组织诗词朗诵会，让人们共同欣赏端午诗词的美妙。

菲菲还发现，粽子的口味也变得更加丰富多样。除了传统的糯米和红豆馅料外，人们开始尝试各种新的口味。比如，有的人会用咖喱、海鲜、腐乳等作为馅料；还有的人甚至会加入巧克力、芝士等西式食材，创作出别具一格的粽子。

此外，社交媒体的普及也让端午节的传播变得更加广泛。人们可以通过网络直播、短视频等方式，将端午节的庆祝活动展现给全世界。许多网友也纷纷在网络上晒出自己的"粽艺"作品，分享端午节的快乐与温馨。

最让菲菲惊讶的是，端午节的影响力已经逐渐扩大到国际舞台。越来越多的国家和地区开始庆祝端午节，并加入到这个盛大的节日中来。比如，一些亚洲国家也开始举办龙舟比赛、包粽子等活动，让不同文化背景的人们共同感受端午节的魅力。

在了解端午节变化的同时，菲菲还遇到了一位来自日本的小女孩。她对中国的传统文化非常感兴趣，尤其对端午节有着浓厚的兴趣。虽然两国端午节习俗有所不同，但菲菲与她分享了自己对端午节的理解和感受，两人成了朋友。他们一起参加了当地的端午节庆祝活动，共同感受这个盛大节日的欢乐与温暖。

1. 教师请学生以小组讨论的形式，说一说如今的端午节还有哪些变化，并派代表发言。
2. 请学生讲一讲都出现了哪些新口味的粽子，粽子口味的丰富多样使得人们对端午节的认识和感受产生了什么变化。
3. 请学生讲一讲，为什么越来越多的其他国家和地区也开始庆祝端午节，端午节的国际影响变大，对中国传统文化的传承和发展有什么影响。

评析

端午节在现代社会的变化体现了传统与现代、继承与创新、本土与国际之间的融合与碰撞。它既保留了传统的文化元素，又注入了新的时代内涵。这种变化不仅有利于弘扬中华民族优秀传统文化，也有利于推动文化创新和发展。通过丰富多彩的端午节活动，学生可以更加深入地了解和认识自己的文化根源，增强文化自信和民族自豪感。

同时，端午节也是一个促进社会和谐、增强民族凝聚力的良好契机。

扩展习题

1. 关于端午节的变化，以下哪个选项的描述是正确的？（　　）

    A. 庆祝方式越来越单一化　　　　　　B. 粽子口味越来越多样化

    C. 端午节的影响力逐渐减弱　　　　　　D. 传统与现代的庆祝方式无法融合

2. 现代的端午节庆祝活动已经扩展到国际范围，原因是（　　）。

    A. 只有中国人才能庆祝端午节

    B. 现代的端午节庆祝没有国际影响

    C. 国际交流促进了端午节在全球的传播

    D. 外国人没有自己的传统节日

3. 现代的端午节庆祝方式变多是因为（　　）。

    A. 人们对传统文化的兴趣增加，包容和接受度也变高了

    B. 只有少数人喜欢新的庆祝方式

    C. 人们摒弃了传统庆祝方式

    D. 人们想要高价卖粽子

4. 如今的端午节粽子口味变得更多样化，下列哪个口味是传统粽子中常见的？

（　　）

    A. 糯米红枣口味　　　　　　　　　　B. 芒果口味

    C. 巧克力口味　　　　　　　　　　　D. 草莓口味

答案：B　C　A　A

第十章　父爱有痕，岁月无迹

父亲是我们生命中不可或缺的重要人物。他们像山一样坚实，为我们遮风挡雨；他们像海一样深邃，包容我们所有的喜怒哀乐。父亲的爱，总是那么深沉而静默，但正是这种爱，给了我们无尽的勇气和力量。而父亲节，就是为了感恩父亲的付出以及向父亲表达深深的敬意而设立的。

父亲就像一座高山，给家庭提供庇护和安全感；父亲又像一盏明灯，照亮孩子的人生道路，让孩子在黑暗中不再迷茫。请同学们仔细阅读以下关于父爱的名言，从中感受父爱的温暖，理解父爱的伟大，懂得感恩和回报父亲。

1. "父子之情在心，而不在于血肉关系。"——席勒
2. "父爱是沉默的，如果你感觉到了那就不是父爱了！"——冰心
3. "父爱可以牺牲自己的一切，包括自己的生命。"——达芬奇
4. "慈父之爱子，非为报也，不可内解于心。"——《淮南子》
5. "父亲，应该是一个气度宽大的朋友。"——狄更斯
6. "父爱是水。"——高尔基
7. "恐惧时，父爱是一块踏脚的石；黑暗时，父爱是一盏照明的灯；枯竭时，父爱是一湾生命之水；努力时，父爱是精神上的支柱；成功时，父爱又是鼓励与警钟。"——梁凤仪

互动交流 1　父亲节的由来

很久以前，在华盛顿州斯波坎市，住着一个特别的家庭。这个家庭由威廉·斯马特先生和他的六个孩子组成，他们共同度过了一个又一个充满爱与艰辛的日子。威廉先生不仅是一个慈爱的父亲，更是一个勇敢的战士，他曾在南北战争中英勇战斗，为国家和家庭都付出了巨大的努力。

然而，命运对这个家庭并不宽容。威廉先生的妻子在生育第六个孩子时因难产去世，他不得不独自承担起抚养和教育六个孩子的重任。他每天起早贪黑地工作，不仅

要照顾农场,还要确保孩子们的生活。尽管面临巨大的压力和挑战,威廉先生从未放弃,他用自己的行动诠释着父爱的伟大和无私。

在这个家庭中,有一个特别的女孩,她叫索诺拉·路易斯·斯马特·多德。作为家中的老二和唯一的女孩,她从小就非常细心,能够体会到父亲的辛苦和付出。她看到父亲白天忙于工作,晚上还要照顾家里的一切,从不抱怨,从不言弃。她知道,父亲的爱,就像山一样博大,像海一样深沉。

随着时间的推移,孩子们渐渐长大,他们开始明白父亲的伟大和不易。然而,就在他们期待父亲能够安享晚年的时候,威廉先生却因为多年的劳累过度而去世了。这个消息让多德非常伤心,她深深地思念着父亲,同时也意识到,父亲的爱和付出,并不亚于任何一位母亲。

在多德心中,她的父亲是一个伟大的英雄。他不仅在战场上英勇无畏,为国家和民族作出了贡献;他在家庭中也同样出色,用自己的双手为孩子们创造了一个温馨的家。她认为,应该有一个特别的日子来纪念全天下像她父亲一样伟大的父亲们。

于是,多德决定向教会和政府提出自己的想法,希望能设立一个父亲节。她把自己的想法告诉了教会的牧师,得到了他的赞许和支持。随后,她又向市长和州政府表达了自己的想法,建议以她父亲的生日——每年的 6 月 5 日作为父亲节。她的建议得到了广泛的关注和支持,最终,父亲节的日期定在了每年 6 月的第三个星期日。

1910 年 6 月 19 日,多德所在的华盛顿州斯波坎市,举行了全世界第一次父亲节庆祝活动。

慢慢地,父亲节逐渐得到了全国乃至全世界的认可。1924 年,美国总统柯立芝表示支持设立全国性父亲节的建议;1966 年,约翰逊总统签署总统公告,宣布当年 6 月的第三个星期日为美国的父亲节;1972 年,尼克松总统签署正式文件,将每年 6 月的第三个星期日定为全美国的父亲节,并成为美国永久性的纪念日。

如今,父亲节已经成为一个全球性的节日,人们在这一天会向父亲表达感激和爱意,让父亲感受到家庭的温暖和孩子的关爱。

1. 请学生结合上述故事,以小组讨论的形式,说一说多德为什么要设立父亲节,父亲节的设立对后世产生了怎样的影响。
2. 请学生结合收集到的资料,说一说父亲节在各国有什么不同的习俗。
3. 请学生以小组为单位,为父亲节写一个宣传语。

评析

通过了解父亲节的起源和发展,学生可以了解到父亲节背后的故事和历史,明白这个节日是为了感恩所有父亲而设立的。这有助于学生更好地理解家庭中的父爱和父亲的责任，认识到父亲为孩子成长所付出的努力和牺牲，培养学生对父亲的感恩之心和尊重长辈的品德。

扩 展 习 题

1. 世界上最广泛的父亲节日期是（　　　　）。
   A. 每年 6 月的第三个星期日　　　　　B. 每年 7 月的第三个星期日
   C. 每年 6 月的第四个星期日　　　　　D. 每年 4 月的第三个星期日
2. 中国台湾地区将父亲节称为"八八节"，日期定在每年的（　　　　）。
   A. 7 月 7 日　　　　B. 8 月 8 日　　　　C. 9 月 1 日　　　　D. 9 月 10 日
3. 世界上第一个父亲节诞生于（　　　　）。
   A. 英国　　　　　　B. 日本　　　　　　C. 美国　　　　　　D. 法国
   答案：**A　B　C**

互 动 交 流 2 　　庆祝父亲节的方式

今天是父亲节，乐乐一直期待着这一天的到来。他想给爸爸一个惊喜，以表达自己对爸爸无尽的感激和爱意。乐乐知道，爸爸是他生命中最重要的人之一，从小到大，爸爸一直是他的坚强后盾和引路人。

父亲节那天，乐乐早早地起床，开始计划他的父亲节庆祝活动。首先，他决定制作一份特别的礼物。他记得爸爸曾经说过，小时候最喜欢的手工活动就是折纸鹤，因为纸鹤代表着祝福和好运。于是，乐乐找来了彩色的纸张，开始认真地折纸鹤。他一边折，一边想象着爸爸收到礼物时的惊喜表情。

折完纸鹤后，乐乐又拿出纸和笔，开始写感谢信。他回忆起和爸爸一起经历的点点滴滴，写下自己对爸爸的感激之情。他感谢爸爸对他的关心和爱护，感谢爸爸对他的教导和引导，让他成为了一个坚强、勇敢、有爱心的人。在信的末尾，乐乐写道："爸爸，我爱您！祝您父亲节快乐！"

当爸爸下班回家时，乐乐迎上前去，递上了他亲手制作的纸鹤和感谢信。爸爸看到美丽的纸鹤以及信中表达的真挚情感，眼中露出了感动的光芒。他紧紧地抱住乐乐，感慨地说："谢谢你，儿子！这是我收到的最好的父亲节礼物！"

送完纸鹤和感谢信，乐乐想起爸爸最喜欢玩的游戏是象棋，于是他决定和爸爸来一场象棋大战。乐乐知道，自己的象棋水平远远不如爸爸，但他还是想尽力去挑战。他摆好棋盘，和爸爸开始了激烈的较量。虽然乐乐输得一塌糊涂，但他却非常开心，因为爸爸一直在鼓励他，让他不要气馁，继续努力。

最后，乐乐又和爸爸玩起了角色互换游戏。爸爸扮演乐乐，乐乐则扮演爸爸。在游戏中，乐乐体会到了爸爸平时为他付出的艰辛和不易。他明白，爸爸为了让他过上更好的生活，一直在默默地付出和努力。这让乐乐更加感激和敬爱爸爸。

1. 请学生采用小组讨论的形式，说一说如果为爸爸制作一个节日礼物，会选择制作什么礼物，并说说为什么。
2. 请学生上台讲一讲，自己的爸爸做过哪一件事最令人感动，并说一说理由。
3. 教师提前给学生布置在家中与父亲进行角色互换的任务，并请学生在课堂上讲一讲在扮演爸爸的过程中，有什么新的发现和体会，遇到了哪些困难。

评析

　　父亲节不仅是一个表达感恩之情的机会，更是一个增进亲子关系、学习家庭责任和尊重长辈的重要时刻。通过亲手制作礼物，学生能够学会珍惜和感恩父亲的付出；通过写感谢信，学生可以表达自己的内心感受，加深与父亲的情感连接；通过亲子互动游戏和角色互换游戏，学生可以在欢乐中理解父亲的角色与责任，培养同理心和互助精神。通过这些活动，学生不仅能够学会如何表达对父亲的敬爱，还能在日常生活中更加尊重和理解长辈，成为一个懂得感恩、有家庭责任感的人。

扩展习题

1. 以下哪个选项是庆祝父亲节时可以做的事情？（　　　）
　　A. 自己观看动画片　　　　　　　　B. 和同学们一起去公园玩
　　C. 送给爸爸一张自己画的画　　　　D. 与爸爸吵架

2. 在写感谢信给爸爸时，以下哪个内容是合适的？（　　　）
　　A. 批评爸爸做的饭不好吃
　　B. 抱怨爸爸挣的钱不够多
　　C. 肯定和感谢爸爸的关心和付出
　　D. 要求爸爸购买玩具

3. 在父子角色互换游戏中，如果你是爸爸，以下哪个行为是不合适的？（　　　）
　　A. 严厉打骂孩子　　　　　　　　　B. 与孩子一起做游戏
　　C. 帮孩子整理书包　　　　　　　　D. 与孩子一起做家务

4. 以下哪一项是庆祝父亲节的意义？（　　　）
　　A. 只是为了玩耍和娱乐　　　　　　B. 仅仅是为了送礼物给父亲
　　C. 忽视父亲为家庭的付出　　　　　D. 表达对父亲的感激和爱意

5. 当需要与父亲共同完成一件事时，以下哪种行为有助于更好地与父亲合作？（　　　）
　　A. 听从父亲的指导，共同努力　　　B. 固执己见，不听建议

C. 不关心事情的结果　　　　　　D. 总是指责父亲的错误

答案：C　C　A　D　A

互动交流 3　不同国家的父亲节

在一个国际学校里，不同国家的孩子们聚在一起，分享各自的文化和传统。这天，多多、阿尤和艾利克斯正在谈论即将到来的父亲节。

来自中国的多多自豪地说："在中国，父亲节虽然不是中国的传统节日，但我们也非常重视。我们会给父亲送自己亲手制作的礼物，比如一幅父亲的肖像画、精美的贺卡等。"

阿尤，一个来自日本的男孩，补充道："在日本，父亲节也是一个重要的节日。我们会送出自己亲自写的感谢信，但更重要的是，我们会花时间和父亲一起做他喜欢的事情，比如钓鱼、洗浴等。"

艾利克斯，一个德国男孩，兴奋地说："在德国，父亲节的庆祝方式十分特别！在这一天，德国的父亲们会畅饮啤酒，想喝多少就喝多少，大街上碰到谁都可以喝两杯共同庆祝父亲节。"

三个孩子聊得兴高采烈，突然多多提议："既然我们来自不同的国家，不如我们一起为父亲节策划一个跨国的庆祝活动吧！我们可以结合各自国家的传统，给父亲们一个特别的惊喜。"

阿尤和艾利克斯都兴奋地表示赞同。他们开始商量具体的计划。

多多说："我们可以先一起制作一张跨国的父亲节卡片，上面写上我们三个国家的祝福和感谢。"

阿尤补充道："我们还可以准备一个跨国的礼物篮，里面放上各自国家的特色小礼物，比如中国的茶叶、日本的巧克力和德国的手工艺品。"

艾利克斯说："对，我们还可以为父亲们准备一场跨国的文化表演，我们可以表演中国的武术、日本的舞蹈和德国的音乐！"

三个孩子越说越兴奋，他们开始分工合作，准备这个特别的跨国父亲节庆祝活动。

到了父亲节这一天，三个孩子带着他们的计划和礼物来到了学校。他们先一起为父亲们献上了那张特别的跨国父亲节卡片，然后呈上了精心准备的礼物篮。

接着，他们开始了跨国文化表演。多多展示了中国武术的精湛技艺，阿尤跳了一段日本传统的舞蹈，艾利克斯则演奏了一段德国的民间音乐。他们的表演赢得了父亲们的阵阵掌声和赞叹。

表演结束后，三个孩子还邀请父亲们一起品尝了他们准备的跨国美食。有中国的饺子，有日本的寿司，还有德国的香肠。父亲们一边品尝美食，一边愉快地交谈，脸上洋溢着幸福的笑容。

这个特别的跨国父亲节庆祝活动让父亲们感到非常惊喜和感动。他们不仅感受到了孩子们的心意和努力，还增进了对不同国家文化的了解。

活动结束后，多多、阿尤和艾利克斯得到了父亲们的赞扬和感谢。他们也为能够跨越国界，将不同国家的文化和传统融合在一起，为父亲们带来快乐感到自豪。

1. 请学生说一说，还有哪些国家的父亲节习俗很有特点，为什么不同的国家会有不同的父亲节习俗。
2. 请学生以小组为单位，讨论一下自己会在父亲节期间为父亲准备什么礼物或活动，并讲讲原因。
3. 教师可以在黑板上书写不同的国家和父亲节习俗，请学生上台进行对应的连线，以加深记忆。

评析

了解不同国家父亲节的习俗不仅是为了增长知识，更是为了探索与感受不同文化。通过了解其他国家父亲节的庆祝方式，可以发现每个国家都有自己独特的传统和价值观。通过尊重和欣赏这些差异，学生能够拥有一颗更加包容和理解他人的心。这样的学习经历有助于拓宽学生的视野，使学生在成长过程中学会尊重和理解不同的文化，成为一个具有国际视野的人。

扩展习题

1. 在德国，父亲节这天父亲们会喝（　　　）来庆祝。
   A. 白酒　　　　　　B. 啤酒　　　　　　C. 红酒　　　　　　D. 米酒
2. （　　　）是泰国每年的父亲节日期。
   A. 12 月 5 日　　　B. 12 月 1 日　　　C. 8 月 8 日　　　　D. 6 月 3 日
3. 以下与父亲相关的词语是（　　　）。
   A. 孟母三迁　　　　B. 岳母刺字　　　　C. 凿壁偷光　　　　D. 知子莫如父
4. 在美国，父亲节当天，若父亲已故人们会佩戴（　　　），而父亲在世人们则会佩戴（　　　）。
   A. 康乃馨、向日葵　　　　　　　　B. 蒲公英、白丁香
   C. 白玫瑰、红玫瑰　　　　　　　　D. 紫罗兰、红玫瑰
5. 在父亲节这一天，以下哪种方式不适合向父亲表达感谢？（　　　）
   A. 给父亲一个拥抱　　　　　　　　B. 对父亲说"我爱你"
   C. 向父亲抱怨自己的作业太多　　　D. 帮父亲按摩放松
   答案：B A D C C

互动交流 4　与父亲和谐相处

　　在一个普通的小镇上，住着一个名叫陈浩的男孩和他的父亲。陈浩是一个活泼好动的孩子，总是充满了好奇心和探索欲。他的父亲则是一个忙碌的商人，有时因为工作繁忙而不能陪伴在陈浩身边。尽管如此，陈浩和父亲之间依然有着深厚的感情，他们总是在日常生活中寻找与彼此相处的机会。

　　每天早晨，陈浩都会早早地起床，准备去上学。他的父亲也在这个时候开始了他忙碌的一天。尽管时间紧迫，但父亲总是会在临出门前给陈浩一个温暖的拥抱，叮嘱他好好学习，注意安全。这个简单的拥抱和叮嘱，让陈浩感受到了父亲的关爱和期望，也让他在学校里更加自信和努力。

　　放学后，陈浩会迫不及待地跑回家，与父亲分享一天的学习和生活。有时候，他会讲述学校里的趣事，逗得父亲哈哈大笑；有时候，他会向父亲请教一些难题，父亲总是耐心地为他解答，鼓励他不断思考。在这个过程中，陈浩不仅学到了知识，还学会了与父亲沟通的技巧，他们的关系也因此变得更加亲密。

　　周末的时候，陈浩和父亲会一起参加户外活动，比如爬山、野餐或者去游乐园。这些活动让陈浩感受到了父亲的陪伴和关爱，也让他更加了解父亲的兴趣和爱好。在户外活动中，陈浩和父亲会互相帮助，共同面对困难，他们的默契和团队精神也得到了锻炼和提升。

　　除了这些日常活动，陈浩和父亲还会一起参加家庭聚会和庆祝活动。比如，在父亲生日的时候，陈浩会亲手制作一张贺卡送给父亲，表达他对父亲的感激和祝福。在节日里，他们会一起装饰房间、制作美食，享受家庭的温馨和快乐。这些活动让陈浩感受到了家庭的温暖，也让他更加珍惜与父亲相处的时光。

　　在日常生活中，陈浩和父亲之间也有一些小矛盾和摩擦。比如，有时候陈浩会因为父亲的严厉批评而感到委屈和不满；有时候父亲也会因为陈浩的固执和任性而感到无奈和生气。但是，他们都懂得如何化解这些矛盾，让彼此的关系更加和谐。陈浩会主动向父亲道歉，承认自己的错误；父亲也会放下架子，向陈浩解释自己的立场和想法。通过这些沟通和理解，他们之间的误会和隔阂逐渐消失，取而代之的是更加深厚的感情和信任。

1. 请学生举手回答，说一说在日常生活如何与父亲更好地相处。
2. 请学生讲一讲，当与父亲意见不统一时，该如何处理，如何避免争吵。
3. 小组内讨论说一说，自己最喜欢和父亲一起做的活动是什么，为什么。
4. 请学生举手讲一讲，对自己父亲的爱好和兴趣了解多少。

评析

父亲节只有一天，但与父亲的相处却是长期的。教师应引导学生在日常生活中尊重和理解父亲，支持和肯定父亲，同时还要学会和父亲沟通交流，共同面对困难，这样才能建立起和谐的亲子关系。这样的和谐关系不仅能够帮助学生感受到父爱的温暖，也让学生学会如何成为一个有爱心、有责任感的人。

扩展习题

1. 当和父亲有不同意见时，应该怎么做？（　　）

   A.坚持自己的观点，无视父亲的建议

   B.大声争吵，完全否定父亲

   C.生气地离开，不再和父亲交流

   D.尊重父亲，试着理解他的观点

2. 当你犯了错误，父亲你批评时，你应该怎么做？（　　）

   A.反驳他，觉得自己没错

   B.虚心接受批评，并努力改正错误

   C.生气地离开，不再理睬父亲

   D.责备父亲，抵触与父亲交流

3. 在美国的宾夕法尼亚州，人们会用（　　）向父亲表示敬意。

   A.康乃馨　　　　　B.红玫瑰　　　　　C.向日葵　　　　　D.蒲公英

4. 如果你想和父亲一起尝试新的爱好，应该怎么做？（　　）

   A.选择爱好活动时，完全不考虑父亲的喜好和建议

   B.不与父亲交流，直接决定

   C.和父亲一起讨论，找到共同的兴趣开始尝试

   D.强迫父亲尝试你的爱好

5. 当你看到父亲有自己独特的习惯时，你应该怎么做？（　　）

   A.模仿嘲笑他的习惯

   B.对父亲的习惯表示不屑

   C.试图改变他的习惯，让他符合你的期望

   D.尊重并理解他的习惯

   答案：**D　B　D　C　D**

第十一章 七月盛典，重温红色岁月

今天，我们欢聚一堂，共同庆祝一个特别而重要的日子——七一建党节。在这个值得纪念的时刻，我们感到非常荣幸和自豪，因为中国共产党是我们伟大祖国的领导核心，是带领我们走向繁荣富强的坚强力量。作为中国的学生，我们应该时刻铭记党的恩情，感恩党为我们创造的美好生活。党旗飘扬，党徽闪耀，党的光辉历程激励着我们茁壮成长。

爱国爱党是一种美德，许多伟大的名人都曾留下过关于爱国爱党的经典名言。这些名言不仅凝聚了他们的智慧和情感，更激励着一代又一代人为祖国的繁荣富强而努力奋斗。以下就是一些爱国爱党的名人名言，请同学们仔细阅读，认真感受其背后蕴含的感情。

1. "国既不国，家何能存！"——杨靖宇
2. "爱祖国，首先要了解祖国；不了解，就说不上爱。"——任继愈
3. "百姓所以养国家也，未闻以国家养百姓者也。"——王安石
4. "中国自古以来，就有埋头苦干的人，就有拼命硬干的人，就有为民请命的人，就有舍身求法的人。他们是中国的脊梁。"——鲁迅
5. "天下兴亡，匹夫有责。"——顾炎武
6. "做人最大的事情是什么呢？就是要知道怎样爱国。"——孙中山
7. "恨不抗日死，留作今日羞。国破尚如此，我何惜此头。"——吉鸿昌
8. "归来报命日，恢复我神州。"——吉鸿昌
9. "锦城虽乐，不如回故乡；乐园虽好，非久留之地。归去来兮。"——华罗庚
10. "利于国者爱之，害于国者恶之。"——晏婴

互动交流 1 中国共产党的诞生

在中国共产党的历史上，建党初期是一个充满艰辛与奋斗的时期。国内正处于内忧外患之中，人民生活困苦，国家面临着前所未有的危机。然而，正是在这样的背景下，中国共产党的种子悄然萌芽，为中国的未来带来了希望。

清朝末年，政治腐败、经济落后、社会动荡，中国面临着前所未有的危机。外国列强纷纷入侵中国，战争不断，百姓苦不堪言。当时的中国，如同风雨飘摇中的一片落叶，在黑暗中苦苦挣扎。在这样的环境下，中国人民开始思考国家的命运和民族的出路。

在这个时候，进步思想开始传入中国。西方的民主、科学、自由等理念逐渐被国人所接受，人们开始认识到只有变革才能拯救国家。这些进步的思想家们如同黑暗中的明灯，照亮了中国人民前进的道路。他们呼吁推翻封建统治，建立民主共和国，为中国的未来描绘出了一幅美好的蓝图。在这些进步思想的熏陶下，许多年轻人开始追求真理、探索救国之道。

在这种背景下，许多进步人士开始涌现。他们不满于国家的现状，积极寻求救国之道。其中最著名的是孙中山先生，他提出了"民族独立""民主共和"等口号，领导了辛亥革命，推翻了封建帝制。虽然革命失败了，但他的思想和精神却深深地影响了中国人民。在这场革命中，涌现了许多英勇无畏的烈士和英雄人物，他们的牺牲和奉献精神将永远铭刻在历史的长河中。这些进步人士不仅推动了文化的进步和革新，也成为了红色思想的早期传播者和践行者。

在这个时候，红色思想开始萌芽。它以马克思主义为核心，强调无产阶级革命和无产阶级专政的理论和实践。这种思想在当时的进步人士中得到了广泛的传播和认可，为中国共产党的诞生奠定了理论基础。马克思主义犹如一道闪电划破黑暗的天际线，给中国人民带来了新的希望和光明的前景。红色思想的萌芽代表着中国人民对于民族独立和国家富强的坚定信念和追求。

经过长期的积累和准备，中国共产党终于在 1921 年 7 月宣告诞生了。当时的环境非常艰苦，但中国共产党人并没有畏惧困难和挫折。他们高举着马克思主义的大旗，团结广大人民群众，开始了艰苦卓绝的斗争历程。他们坚信只有通过革命才能实现民族的伟大复兴和人民的幸福安康。中国共产党的诞生是中国历史上开天辟地的大事变之一，标志着中国革命从此有了坚强的领导核心和科学的指导思想。中国共产党自成立之日起，就把实现共产主义作为党的最高理想和最终目标，并坚定不移地为之奋斗。中国共产党是中华民族伟大复兴的中流砥柱，带领人民历经千难万险，谱写了人类社会发展史上波澜壮阔、气势恢宏的壮丽史诗。

1. 请学生结合相关资料，小组内讨论说一说，中国共产党成立之前传播的红色思想是什么，对中国和世界产生了怎样的影响。
2. 请学生讲一讲，当时的中国为什么会积贫积弱，中国落后的原因是什么。
3. 请学生说一说，红色思想在中国共产党成立的初期发挥了怎样的作用。

评析

学习中国共产党建立的背景对学生来说具有深远的意义。通过了解这段历史，学生能够认识到当时的中国正处于内忧外患之中，国家四分五裂，人民生活困苦。而在这个时候，进步思想开始传入中国，像一股清流滋润了干涸的大地。同时，进步人士勇敢地站出来，为国家和人民的未来而奋斗。这些进步人士的精神能够激励学生，让学生知道每个人都可以为社会作出贡献。学习这段历史，有助于学生更加珍惜现在的幸福生活，努力学习，为将来的祖国建设贡献自己的力量。

扩展习题

1. 中国共产党建立时，国内的情况是（ ）。
   A. 和平繁荣　　　B. 安定团结　　　C. 贫穷动荡　　　D. 富饶和谐
2. 红色思想传入中国是因为（ ）。
   A. 传统文化的影响　　　　　　B. 外国列强的推动
   C. 封建制度的需要　　　　　　D. 进步人士的引进
3. 红色思想在中国共产党建党初期的作用是（ ）。
   A. 指引了革命方向　　　　　　B. 促进了经济发展
   C. 加强了封建统治　　　　　　D. 阻碍了社会进步
4. 学习中国共产党建立的背景对学生的意义是（ ）。
   A. 了解古代历史　　　　　　　B. 对党有更深刻的认识
   C. 学习外语知识　　　　　　　D. 增加考试分数
5. 进步人士在中国共产党建立过程中的作用是（ ）。
   A. 无足轻重　　　B. 消极抵抗　　　C. 积极推动　　　D. 阻碍发展

答案：**C D A B C**

互动交流 2　中国共产党的发展历程

在一个偏远的山村里，有一位名叫小斌的孩子，他天真活泼，对外面的世界充满了好奇和向往。然而，由于地处偏远，信息闭塞，他只能通过听老人们讲述历史来了解过去的事情。每当夜幕降临时，小斌都会围坐在老人们身边，聚精会神地听他们讲述那些久远的故事。

有一天，一位来自大城市的朋友来到了这个山村，他带来了许多新鲜的事物和新的思想。小斌第一次见到这位朋友时，眼睛里闪烁着兴奋的光芒。朋友向小斌介绍了中国共产党的发展历程和伟大贡献，让他深入了解到中国共产党对社会进步的推动作用。

小斌听得津津有味，仿佛打开了一扇通向新世界的大门。他了解到，中国共产党自成立之初，就立志为中国的独立和人民的幸福而奋斗。在那个风雨如晦的年代，中国共产党带领人民奋起反抗帝国主义的侵略和封建主义的压迫，为争取民族独立和人民解放而斗争。他们提出了"打倒军阀""推翻帝国主义"等口号，激发了人民的斗志和勇气。经过艰苦卓绝的斗争，中国共产党最终领导人民取得了胜利，建立了中华人民共和国。

在抗日战争期间，中国共产党更是发挥了中流砥柱的作用。他们团结全国各族人民，共同抵抗日本侵略者的进攻。他们提出了全面抗战的战略方针，组织了许多抗日武装力量，进行了艰苦卓绝的反侵略斗争。在这场战争中，中国共产党领导人民取得了重大的胜利，为维护中国的独立和尊严立下了不可磨灭的功绩。这场战争不仅是中国人民反抗外来侵略的历史见证，也是中国共产党不断发展壮大的重要契机。

在中华人民共和国成立初期，中国共产党面临巨大的困难和挑战。为了实现国家的繁荣富强和人民的幸福生活，中国共产党开始了艰苦卓绝的探索和实践。他们提出了一系列正确的路线和方针政策，推动了中国的经济、政治和文化等方面的发展。在这个过程中，涌现出了许多英勇无畏的共产党员和革命家，他们为了党和人民不惜流血牺牲。他们的英勇事迹深深地感动了小斌，让他对中国共产党产生了无尽的敬意。

如今，中国已经进入新时代。在这个时代背景下，中国共产党继续保持其先进性和纯洁性。他们不断推进改革开放，加强现代化建设，促进社会公平和正义。在中国共产党的领导下，我国已经成为世界上最大的发展中国家，在国际舞台上扮演着越来越重要的角色。小斌深深地感受到了中国共产党领导下中国的巨大变化和发展成就。他明白了只有中国共产党才能领导中国走向更加美好的未来。

小斌决心要努力学习知识，增长见识，为祖国的繁荣富强贡献自己的力量。他相信，在党的领导下，未来的中国一定会更加美好、更加强大。他也希望更多的人能够了解中国共产党的伟大历程和贡献，共同为实现中华民族伟大复兴的中国梦而努力奋斗。

1. 请学生小组讨论说一说，中国共产党在发展过程中经历了哪些重要事件，讨论过后派代表发言。

2. 请学生制作一个关于中国共产党发展历程的时间轴（从党的成立初期，到蓬勃发展，再到抗日战争，最后到新时代），用图片和简短的文字描述每个阶段的重要事件。

3. 请学生根据自己对党的理解，创作一幅关于党的历史发展的画作。可以描绘党的重要会议、领袖人物、重大事件等。

评析

学习党的发展历程是学生理解国家历史、树立远大理想的基础。通过学习党的发展历程，学生可以了解到中国共产党是如何带领中国人民从贫穷落后走向伟大复兴的。这不仅能让学生为祖国的成就感到自豪，也激发了为国家的未来贡献力量的决心。党的发展历史告诉学生，只有坚持党的领导，才能实现国家的繁荣富强和人民的幸福安康。作为新时代的学生，要从小学会感恩党的领导，珍惜来之不易的幸福生活。同时，也要努力学习科学文化知识，培养自己的创新能力和实践能力，为将来成为国家的栋梁之材打下坚实的基础。学生通过学习党史，可以不断增强自己的爱国情感和社会责任感，为实现中华民族伟大复兴的中国梦贡献自己的力量。

扩 展 习 题

1. 中国共产党成立于哪一年？（　　）
   A. 1922 年　　　　B. 1921 年　　　　C. 1930 年　　　　D. 1920 年
2. 中国共产党成立于（　　）。
   A. 浙江嘉兴　　　B. 天津　　　　　C. 湖南长沙　　　D. 北京
3. 中国共产党是（　　）的先锋队。
   A. 资产阶级　　　B. 小资产阶级　　C. 工人阶级　　　D. 地主阶级
4. 中共一大选举了（　　）为中央局书记。
   A. 李大钊　　　　B. 周恩来　　　　C. 陈独秀　　　　D. 张国焘
5. 中国共产党的名称最早是由谁提出的？（　　）
   A. 蔡和森　　　　B. 周恩来　　　　C. 毛泽东　　　　D. 陈独秀
   答案：**B　A　C　C　A**

互 动 交 流 3　中国共产党的影响

在遥远的草原上，有一个名叫阿克的少年，他一直对中国共产党的历史充满了好奇。直到有一天，爷爷深情地讲述了中国共产党的故事，阿克才真正明白建党对于中国的意义。

在那个战火纷飞的年代，中国正处于水深火热之中。外有帝国主义的侵略，内有封建势力的压迫，人民生活苦不堪言。然而，正是在这个危难时刻，中国共产党应运而生。

爷爷告诉阿克，中国共产党的创立者们是一群怀揣理想、不畏艰险的青年志士。他们深知民族要独立、人民要解放的道理，决心为国家和人民寻找一条光明的道路。他们学习了马克思主义理论，结合中国的实际情况，提出了建立社会主义国家的宏伟目标。

在中国共产党的带领下，中国人民逐渐摆脱了帝国主义和封建主义的枷锁。经过艰苦卓绝的斗争，共产党领导人民赢得了民族独立和人民解放。随着中华人民共和国的成立，中国终于迎来了翻天覆地的变化。

阿克听着爷爷的讲述，不禁感叹道："原来中国共产党就是那个给中国带来新希望的灯塔啊！"

爷爷点头说："是的，阿克。中国共产党的建立不仅改变了中国的命运，也对世界产生了深远的影响。你知道吗？2010年，中国已经成为世界第二大经济体，为全球经济增长作出了巨大贡献。而且，中国在国际事务中发挥着越来越重要的作用，为维护世界和平与发展作出了积极贡献。"

阿克瞪大了眼睛："原来中国共产党这么厉害啊！我以后也要为祖国的繁荣昌盛贡献自己的力量！"

爷爷笑着抚摸着阿克的头："好孩子，你要牢记历史，珍惜现在。努力学习知识，培养良好的品德，将来才能成为国家的栋梁之才。"

从此以后，阿克更加努力学习，希望有朝一日能够为实现中华民族伟大复兴的中国梦贡献自己的一分力量。

1. 教师请学生互相讨论，说一说共产党历史上有哪些伟大的领导人以及杰出代表。
2. 请学生讲一讲，知道哪些有关中国共产党的诗歌或歌曲，分享给其他同学。

评 析

中国共产党的历史是中华民族发展史上的重要篇章。新时代的学生应当了解中国共产党的成立和发展历程，认识到它对中国的巨大影响。学习中国共产党的历史，有助于学生理解今天的幸福生活是如何来之不易的，是如何在无数先烈的努力下才获得的。中国共产党不仅对中国的意义重大，也对世界产生了深远的影响。它向世界展示了中国人民的团结和力量，以及中国人民对于自由、平等和公正的追求。

扩展习题

1. 中国共产党的成立，对中国来说意味着什么？（　　　）
   A. 中国从此有了一个新的节日
   B. 中国从此有了一个新的地点
   C. 中国从此有了新的领导，为革命开辟了新的方向
   D. 中国从此与其他国家完全一致

2. 中国共产党的建立对世界产生了怎样的影响？（　　　）
   A. 深刻改变了世界的发展格局
   B. 只影响了中国
   C. 使得中国与世界的联系逐渐减少
   D. 对世界人民的解放事业没有影响

3. 中国共产党成立后，中国革命发生了怎样的变化？（　　　）
   A. 由封建社会变为殖民国家

  B. 由资产阶级领导变为由无产阶级领导

  C. 由反对帝国主义变为反对封建主义

  D. 由农村革命变为城市革命

4. 中国共产党成立以后，在革命斗争中起到了怎样的作用？（　　　）

  A. 使得中国革命走向失败　　　　　　B. 领导中国革命取得了胜利

  C. 使得中国闭关锁国　　　　　　　　D. 使得中国更加贫穷

  答案：C　A　B　B

互动交流 4　庆祝建党节的方式

  在阳光明媚的夏日，冯新和他的同学们迎来了建党节。为了庆祝这个特殊的日子，学校组织了一系列丰富多彩的活动。

  首先，学校邀请了一位党史专家来给大家讲解中国共产党的历史。专家用生动的语言，讲述了中国共产党从成立至今的艰辛历程。冯新和同学们聚精会神地听着，深受启发。

  在课余时间，老师带领同学们排练了一场精彩的文艺晚会。大家准备了一支歌颂党的歌曲、一段红色经典朗诵，以及一段展现爱国情感的舞蹈。在晚会上，同学们用自己的方式表达了对党的敬爱和感激之情。

  除了文艺表演，学校还组织了一场爱国爱党演讲比赛。冯新积极地报名参加了比赛。他精心准备了演讲稿，讲述了一位革命先烈的事迹。这位先烈为了民族独立和人民幸福，英勇奋斗、舍生取义。冯新的演讲深深打动了在场的师生，最终他获得了比赛的一等奖。

  在演讲比赛结束后，学校还组织了一次实地学习活动。师生们来到当地的革命纪念馆，参观了先烈们的遗物和历史照片。通过讲解员的讲解，大家更深入地了解了那段光辉的岁月。在参观过程中，冯新深切感受到革命先烈们的崇高品质和不畏牺牲的精神，这让他更加坚定了为民族复兴而努力学习的信念。

  回到学校后，冯新将这次庆祝建党节活动中学到的知识和感悟融入学习中。他努力学习各门课程，努力提高自己的综合素质。同时，他也积极参与学校的各项活动，为班级和学校增光添彩。

  通过这次庆祝建党节的活动，冯新不仅了解了党的历史和先烈事迹，还激发了爱国情怀和奋斗精神。他明白了作为一名小学生，要时刻铭记党的恩情，努力学习知识，为祖国的繁荣昌盛贡献自己的力量。

  在今后的日子里，冯新将不断努力，为实现自己的梦想和中华民族的伟大复兴而不懈奋斗。他相信，只要大家齐心协力、勇往直前，就一定能够创造更加美好的未来。

  除了冯新之外，学校里的其他同学也从这次庆祝建党节活动中受益匪浅。大家纷纷表示要继承和发扬中国共产党的优良传统，争做新时代的优秀少年。在今后的学习和生活中，同学们将更加珍惜当下、奋发向前，为实现中国梦贡献自己的力量。

1. 请学生结合相关资料，以小组讨论的形式讲一讲，建党节还有哪些庆祝方式。
2. 请学生以建党节为主题，写一篇爱国的演讲稿，以此来加深学生对建党节的理解。
3. 教师提前准备好有关党的相关知识，组织一个简单的知识问答，来加深学生的记忆。

评析

　　了解建党节的多种庆祝方式有助于学生更加全面地了解党的历史和建党节的由来，从而增强对中国共产党的认同感和热爱之情。通过参与庆祝活动，学生能够深刻感受到中国共产党为国家和人民作出的伟大贡献，激发爱国热情和民族自豪感。同时，多种庆祝方式也为学生提供了展示才华的平台。无论是制作手抄报、模拟新闻发布会，还是参加党史知识竞赛，学生都能在其中发挥自己的特长和创造力，锻炼自己的综合素质。了解建党节的庆祝方式还有助于培养学生的团队意识和协作精神。在完成任务的过程中，学生需要相互合作、互相支持，共同为完成目标而努力。这种团队合作精神将对学生未来的学习和生活产生积极的影响。

扩展习题

1. 建党节有多种庆祝方式，以下哪项不是举办这些活动的意义？（　　）
   A. 帮助我们更全面地了解党的历史和建党节的由来
   B. 激发我们的爱国热情和民族自豪感
   C. 提高我们的数学和物理成绩
   D. 培养我们的团队意识和协作精神

2. 以下哪项不是庆祝建党节的常见方式？（　　）
   A. 观看爱国主义电影　　　　　　　　B. 开展党史学习活动
   C. 举办革命先辈故事讲座　　　　　　D. 学校放假一天

3. 中国共产党的建党节在哪一天？（　　）
   A. 10 月 1 日　　　　　　　　　　　B. 8 月 1 日
   C. 12 月 1 日　　　　　　　　　　　D. 7 月 1 日

4. 庆祝建党节时，以下哪一项不是我们可以了解党史的方式？（　　）
   A. 阅读党史书籍　　　　　　　　　　B. 玩电子游戏
   C. 参观革命历史纪念馆　　　　　　　D. 观看纪录片

5. 以下哪一项不是通过参加建党节的各项活动，可以培养的精神品质？（　　）
   A. 爱国精神　　　B. 娱乐精神　　　C. 历史责任感　　　D. 团队合作精神

答案：C D D B B

互动交流 5　爱党精神的发扬

在一个充满朝气的校园里，小华是一名初二的学生。从小他对中国共产党就有着深厚的感情，并且深知如何在日常生活中做到爱党。小华受到爷爷的影响，对中国共产党的历史和理念有着浓厚的兴趣。每当爷爷讲述那些革命先烈为了民族独立和人民幸福英勇斗争的故事时，他的眼中总是闪烁着坚定的光芒。这些故事在小华心中留下了深刻的印记，让他对党充满了敬仰和感激。

进入初中后，小华更加积极地学习党的历史和理念。他利用课余时间阅读了大量的党史书籍和资料，不断加深对党的认识和理解。他明白，中国共产党是带领人民走向繁荣富强的核心力量，是民族复兴的领航者。因此，他决心在日常生活中践行爱党的行动。

首先，小华尊重党的形象和标志。他积极地向他人宣传党的标志和形象的重要性，引导大家共同维护。在他的带动下，越来越多的同学开始注意自己的言行举止，尊重党的形象和标志。

其次，小华积极参加党组织的活动。学校团委经常组织各种红色教育活动，如参观革命历史纪念馆、举行主题演讲比赛等。小华每次都积极参与，不仅自己认真学习，还鼓励同学们一起参与。通过这些活动，小华不仅加深了对党的了解，还培养了自己的团队合作精神和领导能力。

此外，小华还注重培养良好的行为习惯。他深知一个人的行为习惯代表着他的素质和修养，也反映了他对党的热爱和忠诚。因此，他时刻注意自己的言行举止，守纪律、讲文明、有礼貌。他尊重师长、团结同学，积极参与学校的各项活动，为班级和学校争光。

在小华的影响下，越来越多的同学开始关注党的历史和理念，尊重党的形象和标志，积极参加党组织的活动，并培养良好的行为习惯。他们明白，作为一名初中生和未来的国家栋梁，他们必须时刻牢记自己的责任和使命，用实际行动来践行对党的热爱和忠诚。

小华深知，爱党不仅仅是一种口号，更是一种行动。在日常生活中，要时刻牢记党的教导，积极学习党的历史和理念，尊重党的形象和标志，积极参加党组织的活动，并培养良好的行为习惯。只有这样，才能真正成为一名合格的初中生和未来的国家栋梁，为祖国的繁荣富强贡献自己的一分力量。

小华的故事在学校里传开了，他成了同学们心中的榜样。在他的带动下，整个校园弥漫着浓厚的爱党氛围。同学们纷纷表示，要以小华为榜样，他们决心用自己的实际行动来践行对党的热爱和忠诚。

1. 请学生进行小组讨论，列出至少五个在日常生活中可以体现爱党精神的行动或习惯，然后选择一个在课后进行实践。

2. 请学生设计并制作一张关于"爱党"的宣传海报。海报可以包含爱党行为的具体示例、标语和插图等元素。

3. 在班级里设置"爱党小卫士"奖项，鼓励学生在日常生活中积极践行爱党的行为，如主动帮助他人、遵守纪律、保护环境等。

评析

在日常生活中，教师要经常引导学生爱国爱党。通过学习党的历史和理念，学生能够更好地了解国家的成长和进步，知道今天的幸福生活来之不易。尊重党的形象和标志，就是尊重我们的国家和民族，展现我们的爱国之情。积极参加党组织的活动，可以让学生更好地融入集体，学会合作与分享，培养团队精神。同时，在参与活动的过程中，学生还可以学习到许多宝贵的品质，比如守纪律、讲文明、有礼貌等。这些良好的行为习惯不仅会影响学生的一生，也会让我们的家庭和社会更加和谐美好。所以，在日常生活中要让学生时刻牢记爱党的意义，用实际行动来践行对党的热爱，为祖国的繁荣富强贡献自己的一分力量。

扩展习题

1. 当我们看到党旗和党徽时，我们应该怎么做？（　　）
   A. 无视它们　　　　　　　　　　　B. 尊重和爱护它们
   C. 在党旗和党徽上乱涂乱画　　　　D. 随意丢弃

2. 下列哪个行为是积极参加党组织活动的表现？（　　）
   A. 常常迟到或缺席党组织的活动
   B. 在活动中玩耍，不参与学习讨论
   C. 积极参与活动，认真听讲，积极发言
   D. 消极对待此类活动

3. 养成良好行为习惯也是爱国爱党的一种表现，下列哪种行为属于养成良好的行为习惯？（　　）
   A. 在课堂上不尊重老师，不守纪律
   B. 常常在背后说他人坏话
   C. 随意破坏公共设施
   D. 主动帮助他人，积极参与社会公益活动

4. 我们在日常生活中为什么要学习党的历史和理念？（　　）
   A. 为了更好地了解国家和民族的历史和文化
   B. 为了和朋友们炫耀

C. 为了考试得高分

D. 这是学校的要求

5. 良好的行为习惯对我们的生活有什么影响？（　　　）

A. 让我们变得孤独

B. 让我们没有朋友

C. 让我们的生活更加和谐，人际关系更为融洽

D. 让我们变得懒惰自私

答案：B C D A C

第十二章　致敬八一，放飞梦想

　　军人是祖国的守护者，是和平的使者。每当国家需要他们的时候，他们总是挺身而出，不畏艰险，不惧牺牲。他们用坚强的意志和无私的奉献，保卫着我们的家园，让我们能够在和平的环境中快乐成长。而八一建军节就是为了纪念中国人民解放军的成立而设立的。从 1927 年的南昌起义到现在，中国人民解放军走过了风风雨雨的岁月，他们用汗水和鲜血书写了保卫祖国、服务人民的壮丽篇章。

　　军人，是我们国家的守护者，有无数名人书写过关于军人的名句，他们用自己的文字，描写出了军人的品质。请认真阅读关于军人的名人名言，感受他们勇敢、坚韧和无私奉献的精神。

　　1. "军人的真正使命是奉献，而不是单纯的活着。" ——吕明
　　2. "血染沙场气化虹，捐躯为国是英雄。" ——董必武
　　3. "兵为民之卫，民无兵不固。" ——刘璞
　　4. "不见征戎儿，岂知关山苦。" ——李白
　　5. "红军不怕远征难，万水千山只等闲。" ——毛泽东

互动交流 1　八一建军节的由来

　　菲菲和萌萌是同班同学，也是形影不离的好朋友。一天放学后，她们一起走在回家的路上，聊着即将到来的八一建军节。

　　菲菲好奇地问："萌萌，你知道八一建军节是怎么来的吗？"

　　萌萌想了想，回答说："我知道一些。八一建军节是为了纪念中国工农红军的成立。但是具体的由来和发展过程，我还不是很清楚。"

　　菲菲说："我也是听老师讲过一些，但不是很详细。要不我们回家后一起查找资料，详细了解一下吧？"

　　萌萌高兴地答应了："好啊，我们一起来探索八一建军节的秘密吧！"

　　回到家后，菲菲和萌萌都迫不及待地打开电脑，开始搜索关于八一建军节的资料。

她们仔细阅读着每一个段落，不时地交流着彼此的发现。

菲菲先找到了关于南昌起义的信息，她兴奋地告诉萌萌："萌萌，你知道吗？八一建军节的起源和南昌起义有关。1927 年 8 月 1 日，中国共产党领导了南昌起义，这次起义标志着中国共产党独立创建革命军队的开始。"

萌萌点点头，说："原来如此。那南昌起义日后来被确定为中国工农红军成立纪念日，是不是因为这样？"

菲菲点点头："没错。1933 年，每年的 8 月 1 日被定为中国工农红军成立纪念日，也就是我们现在所说的八一建军节。这个节日不仅仅是为了纪念，更是为了弘扬军人的英勇精神和无私奉献。"

萌萌深有感触地说："军人真的很伟大，他们为了国家和人民的利益，不惜付出生命的代价。我们应该永远记住他们的付出和牺牲。"

菲菲补充道："是啊，所以我们每年都要举行各种活动来纪念八一建军节，向军人表达我们的敬意和感谢。"

她们继续交流着，直到天色渐暗。通过这次学习，菲菲和萌萌对八一建军节有了更深刻的理解。她们决定，以后每年的八一建军节，都要向军人们表达敬意，同时努力学习，为祖国的繁荣和强大贡献自己的力量。

第二天上学路上，菲菲和萌萌兴奋地分享着她们昨晚的发现。她们决定在历史课上向全班同学介绍八一建军节的由来和意义，让更多的人了解这个特殊的日子。

课堂上，菲菲和萌萌绘声绘色地讲述了南昌起义、中国工农红军的诞生以及八一建军节的由来。同学们听得津津有味，纷纷表示要向军人们学习，珍惜和平生活，努力学习，为祖国的明天贡献自己的力量。

1. 请学生以小组为单位，制作一条关于八一建军节由来和发展的时间轴。时间轴应包括 1927 年南昌起义、中国工农红军的诞生、南昌起义日被确定为中国工农红军成立纪念日等重要事件。
2. 请同桌之间合作创作与八一建军节相关的画或手工作品。
3. 请学生说一说，我们国家为什么这么重视八一建军节。

评 析

八一建军节，是向那些为了国家和人民英勇斗争的军人们致敬的日子。这个节日不仅是对历史的回顾，更是对军人们无私奉献和英勇精神的赞颂。通过学习八一建军节的由来和发展，学生能够更深刻地理解军人的职责和使命，学会尊重和感恩他们的付出。同时，这也能够激励学生珍惜和平生活，努力学习，为祖国的繁荣和强大贡献自己的力量。

扩 展 习 题

1. 八一建军节是为了纪念什么而设立的？（　　　）
   A. 中国工农红军的诞生　　　　　　B. 中华人民共和国的成立
   C. 中国共产党的成立　　　　　　　D. 抗日战争的胜利
2. 南昌起义是哪一年发生的？（　　　）
   A. 1921 年　　　　　B. 1927 年　　　　　C. 1931 年　　　　　D. 1949 年
3. 南昌起义标志着（　　　）。
   A. 中国共产党的成立
   B. 中华人民共和国的成立
   C. 中国共产党独立创建革命军队和领导革命战争的开始
   D. 抗日战争的开始
4. 哪个群体在八一建军节通常会受到特别的尊重和感谢？（　　　）
   A. 医生　　　　　　B. 教师　　　　　　C. 工程师　　　　　　D. 军人
   答案：**A　B　C　D**

互 动 交 流 ② 八一建军节的意义

八一建军节这天，吴鹏和他的小伙伴们兴高采烈地来到学校。学校组织了一场特别的活动，让他们了解建军节的意义。一进校门，他们就看到了一个大大的横幅，上面写着："纪念历史，庆祝八一，不忘英雄，传承红色精神。"吴鹏好奇地问老师："老师，我们为什么要设立建军节呢？"

老师微笑着说："吴鹏，你知道南昌起义吗？"吴鹏摇了摇头。老师继续说："南昌起义是中国共产党领导的一次重要起义，它标志着中国共产党独立领导武装革命战争和创建革命军队的开始。后来，每年的 8 月 1 日就被定为八一建军节。"

吴鹏瞪大了眼睛，原来这个节日有这么深远的历史背景啊！他暗暗下定决心，一定要好好了解这段历史。

接着，老师带领他们观看了一部关于南昌起义的电影。电影中，那些英勇的战士为了国家和人民的利益，不怕牺牲，奋勇拼搏。吴鹏看得热泪盈眶，他被这些英雄的精神深深打动了。

看完电影，老师组织了一个讨论会，让同学们谈谈自己的感想。吴鹏激动地说："我觉得这些英雄太伟大了，他们为了我们的幸福生活，付出了那么多。我们应该永远记住他们，感恩他们！"

小丽也说："对啊，我们应该学习他们的勇敢和奉献精神，长大后也要为国家作出贡献！"

老师听了同学们的发言，非常满意。她说："很好，同学们，你们说得都对。设立八一建军节，不仅是为了纪念历史，更是为了让我们不忘初心，感恩英雄，传承精神，让我们的祖国更加强大！"

听完老师的话，同学们更加坚定了自己的信念。他们决定要好好学习，天天向上，长大后为祖国的繁荣富强贡献自己的力量。

下午，学校还组织了一次军事体验活动。小朋友们穿上迷彩服，戴上军帽，模拟了一次简单的实战演练。他们分组进行，有的负责侦察，有的负责进攻，还有的负责防守。在紧张刺激的活动中，同学们体会到了军人的艰辛和不易。

活动结束后，吴鹏和他的小伙伴们累得满头大汗，但他们的脸上都洋溢着满足的微笑。吴鹏说："今天真是太有意义了，我不仅了解了八一建军节的历史和意义，还体验了军人的生活。我觉得我们应该时刻铭记那些为国家付出生命的英雄，他们是我们永远的学习榜样！"

小丽也深有感触地说："是啊，我们也要学习军人的勇敢和坚强，不管遇到什么困难，都要勇往直前！"

就这样，吴鹏和他的小伙伴们度过了一个难忘的八一建军节。他们不仅增长了知识，还收获了宝贵的情感体验。他们相信，在未来的日子里，他们会更加珍惜和平生活，努力学习，为祖国的明天贡献自己的力量。

1. 教师可以将学生分组，让组内成员互相讨论都了解哪些爱国军人的故事，讨论过后派代表上台讲一讲。
2. 请学生举手回答，说一说什么是红色精神，为什么至今依旧要传承红色精神。
3. 请学生合作制作一份海报，内容包括国防知识、军事科技、我国军队的发展等。

评 析

学习设立八一建军节的意义，不仅让学生了解了国家的过去，还能让学生更加珍惜现在的和平生活。同时，感恩那些为国家付出生命的英雄们，能让学生学会尊重和感激。教师应引导学生理解强化国防意识的重要性，知道保卫祖国是每个人的责任，学会勇敢地面对困难，坚持不懈，为国家的繁荣和富强贡献自己的力量。

扩展习题

1. 我们为什么要纪念和感恩军人？（　　　）
   A. 因为这是学校的要求
   B. 因为军人为国家和人民作出了巨大贡献
   C. 因为这是考试内容

D. 因为英雄的故事很有趣

2. 以下哪项不是强化国防意识的意义？（　　　）

    A. 让我们更加珍惜和平生活　　　　B. 培养我们的责任感和使命感

    C. 提高个人的学习成绩　　　　　　D. 了解国防安全的重要性

3. 以下哪个行为可以体现爱国精神？（　　　）

    A. 随意丢弃垃圾

    B. 不关心国家的大事

    C. 努力学习，争取成为国家的栋梁之才

    D. 嘲笑同学的困难

4. 八一建军节与（　　　）有关。

    A. 五四运动　　　　　　　　　　　B. 抗日战争的胜利

    C. 中华人民共和国的成立　　　　　D. 南昌起义

5. 在八一建军节这天，我们应该怎么做？（　　　）

    A. 向军人表示尊敬和感谢　　　　　B. 无视这个节日

    C. 去公园野餐　　　　　　　　　　D. 表示与自己无关

答案：B　C　C　D　A

互动交流3　庆祝建军节的活动

夏季的微风轻轻拂过，小学的校园里弥漫着节日的氛围。今天是八一建军节，为了庆祝这个特殊的日子，学校特意为不同年级的小学生们安排了一系列丰富多彩的活动，让他们能够更深入地了解军人的伟大和崇高。

清晨，阳光洒满校园，学生们兴奋地来到学校，期待着即将开始的庆祝活动。操场上已经布置得井井有条，彩旗飘扬，营造出浓厚的节日氛围。

一年级的同学们首先在礼堂里进行了文艺表演。他们虽然年纪小，但热情高涨，充满了童真和稚气。有的班级表演了简单的军歌合唱，虽然声音稚嫩，但充满了对军人的敬意和自豪；有的班级则带来了欢快的舞蹈，小小的身影随着音乐起舞，展现出小学生的活泼和可爱。

与此同时，二年级的同学们则在操场上进行了一场别开生面的军事运动比赛。他们分成几个小组，进行了拔河、障碍赛等趣味比赛。虽然动作还不够熟练，但每个人都全力以赴，展现出了小学生的坚韧和活力。观众们也为自己支持的队伍加油助威，操场上充满了欢声笑语和加油声。通过这些比赛，同学们不仅锻炼了身体，还培养了团队合作精神和竞争意识。

中午时分，三年级的同学们在老师的带领下，进行了一次特别的走访活动。他们带着自己制作的小礼物和节日的祝福，来到了附近的军人疗养院。在这里，他们与老兵们亲切交流，听他们讲述过去的战斗经历和军旅生活。老兵们用和蔼的笑容和温暖的话语，让小学生们更加了解了军人的伟大和崇高。他们向小学生们讲述了自己在战场上的经历，以及为了国家和人民的安宁所付出的努力和牺牲。这些真实的故事让学生们深受感动，他们纷纷表示要学习军人的勇敢和奉献精神。

下午，四年级和五年级的同学们则参观了一次军事展览。他们来到军事博物馆，看到了各种军事装备和模型。虽然有些内容对他们来说还有些深奥，但通过讲解员的耐心介绍，他们对国家的国防建设和军队的发展有了初步的了解。他们认真观看展览，聆听着讲解员讲述的历史故事，感受到了军人的辛勤付出和无私奉献，也激发了对国家的热爱和责任感。

当天的活动结束后，学生们纷纷表示，这次八一建军节的庆祝活动让他们收获颇丰。他们纷纷表示，将来无论走到哪里，都会铭记军人的奉献精神，努力学习，为国家的发展贡献自己的力量。

1. 请学生进行小组讨论，还可以举办哪些活动来庆祝建军节。
2. 请学生制作一张贺卡，将想对军人说的话语写在上面，并说一说写这些话的原因。
3. 鼓励学生用图画和文字结合的方式，创作一份以八一建军节为主题的手抄报，展示他们对军人的敬意和对节日的理解。

评析

通过了解庆祝建军节的活动，学生能够更加了解军人的职责和担当，军人为了国家和人民的安全默默付出，展现了无私奉献的精神，这种精神值得学生学习和崇敬。参与庆祝活动可以培养学生的爱国情怀和责任感，让学生明白作为新时代的少年，应该珍惜来之不易的和平与安宁，为国家的繁荣和发展贡献自己的力量。除此之外，这些活动还能锻炼学生的团队协作能力和实践能力，让学生在快乐中学习，在成长中进步。

扩展习题

1. 在八一建军节参观军事展览时，以下哪项行为是恰当的？（　　）
   A. 随便触摸展品　　　　　　　　　B. 大声喧哗
   C. 认真观看并听讲解员的介绍　　　D. 跑来跑去，不遵守参观秩序
2. 庆祝八一建军节的主要目的是什么？（　　）
   A. 为了纪念中国工农红军的成立，并表达对军人的敬意
   B. 为了展示军事力量
   C. 为了举办文艺演出和比赛
   D. 为了拥有假期

3. 以下哪一项不是通过八一建军节的庆祝活动可以了解到的？（　　　）

    A. 我国军人的伟大故事　　　　　　B. 中国军队的发展历史

    C. 军人的职责和担当　　　　　　　D. 军人的个人喜好

答案：**C　A　D**

互动交流 4　军人的职责

    一所中学里，正值下课时间，班级里的学生纷纷走出班级玩耍，只有阿杰坐在自己的座位上，阅读着一本与军事有关的书籍。原来，他一直梦想成为一名军人，因为他深知军人身上肩负着的职责和使命。

    老师走进教室，看到阿杰，轻轻地走到他身边，问道："阿杰，你为什么想成为军人呢？"阿杰挺直了小小的身板，双眼闪烁着对军人的崇敬和向往。他坚定地说："因为军人可以保家卫国，维护和平，救援救灾，服务人民。我渴望成为那样的人，守护我们的国家和人民。"

    老师微笑着点头，鼓励阿杰继续分享他的想法。阿杰想了想，开始详细阐述他对军人职责的理解："军人在国家需要的时候，会毫不犹豫地挺身而出，保卫国家的领土不受侵犯。此外，军人在灾难面前也是冲锋在前的勇士。无论是地震、洪水还是其他自然灾害，他们总是第一时间赶到现场，用自己的行动和力量，给受灾的人们带去希望和温暖。军人也是国家的坚强后盾，保障民生，做守土安民的定心石。"

    老师听后，对阿杰的认真和热情表示赞赏，并鼓励他分享更多关于军人职责的故事和经历。于是，阿杰开始讲述他曾经做过的一个梦：

    "在梦中，我成了一名真正的军人，身穿帅气的军装，手握钢枪。一天晚上，我接到了一条紧急通知，一个小镇发生了严重的地震，许多人被困在废墟下。我和我的战友们迅速出发，赶到了灾区。到达现场后，我们不顾个人安危，穿梭在倒塌的楼房之间。我们用生命探测仪仔细寻找着生命迹象，希望能尽快找到被困的居民。当发现有人被困时，我和战友们迅速展开救援行动。我们用力挖掘废墟，传递着救援工具，与时间赛跑。经过几个小时的努力，我们终于成功救出了一名被困的老人。他眼中含着泪水，紧紧握住我们的手，感激之情溢于言表。救援行动结束后，我们没有休息片刻，而是继续巡逻灾区，确保安全和秩序。我们帮助受灾的居民搭建临时住所，分发食物和药品。我们用实际行动传递着温暖和关爱，让受灾的人们感受到国家和军队的力量和关怀。"

    老师听完阿杰的讲述，忍不住给他竖起大拇指。老师告诉阿杰："军人的职责不仅仅是保家卫国和维护和平，还包括在人民需要的时候伸出援手，无私奉献。要想成为一名真正的军人，需要付出更多的努力和汗水。你要更加努力地学习知识，锻炼身体素质，培养团队合作和无私奉献的精神。老师相信，只要你坚持不懈地努力，将来一定能够成为一名优秀的军人，为国家和人民贡献自己的力量！"

1. 请学生说一说，军人还有哪些职责；在日常生活中，军人是如何为人民服务的，举出一些例子。
2. 小组内讨论说一说，我国都有哪些军队种类，各自都有怎样的职责。

评 析

　　了解军人的职责对学生有着深远的意义。军人为了保家卫国时刻准备着，他们无私奉献，守护着我们的安全和幸福。他们用自己的勇敢和坚韧，守护着国家的领土完整和民族尊严。同时，军人也承担着维护世界和平的重任，通过外交手段和国际合作，努力减少冲突和战争，让世界更加和平与美好。在灾难面前，军人总是冲在最前线，用他们的专业知识和技能，救援受困群众，保护人民的生命和财产安全。此外，军人还积极服务人民，为人民排忧解难，传递温暖和关爱。学习军人的职责，能够让学生更加明白责任和担当的重要性，激励学生从小培养爱国情感，增强民族自豪感，学会感恩和奉献，努力成为对社会有贡献的人。

扩 展 习 题

1. 发生灾难时，军人通常会做什么？（　　　）

    A. 立即撤离现场，确保自身安全

    B. 迅速赶到灾区，展开救援行动

    C. 等待上级指示，不采取任何行动

    D. 只负责保护重要设施，不参与救援

2. 军人服务人民的方式可能包括（　　　）。

    A. 每天在街上巡逻，防止犯罪

    B. 帮助受灾群众搭建临时住所，分发物资

    C. 在学校里教授军事知识

    D. 只在战争时期才提供帮助

3. 对学生来说，了解军人的职责最重要的是什么？（　　　）

    A. 学习如何使用武器

    B. 明白军人为了国家和人民的安全默默付出

    C. 认识到军人的生活非常艰苦

    D. 了解军人的日常生活细节

4. 军人保家卫国的方式有（　　　）。

    A. 只通过战争来保卫国家

B. 维护国家安全，抵御外来侵略

C. 不断参加军事演习，提高战斗力

D. 在和平时期无所事事

5. 以下哪项不是军人的职责？（   ）

  A. 保护国家的领土完整

  B. 维护社会的和平与稳定

  C. 参与商业活动，增加收入

  D. 在灾难中救援受困群众

答案：**B   B   B   B   C**

第十三章　递感恩卡，情暖教师

"桃李不言，下自成蹊。"正是因为有了老师们的辛勤付出和无私奉献，学生才能在知识的海洋中畅游，茁壮成长。老师不仅是学生的知识导师，更是学生人生道路上的引路人。他们用自己的智慧和爱心，点亮了学生心中的明灯，让学生在成长的道路上不再迷茫。

让我们怀揣着一颗感恩的心，走进属于教师的节日——教师节。

教师，是每个人在人生旅途中都会遇到的重要人物，他们用智慧的光芒照亮我们前行的道路。今天，请各位同学一起来阅读以下与教师有关的名人名言。这些名言不仅是对老师们辛勤付出的赞美，更告诉我们要对教师怀揣一颗感恩的心。

1. "教师是人类历史上一切优美崇高事物与新生一代之间的桥梁。"——乌申斯基

2. "捧着一颗心来，不带半根草去。"——陶行知

3. "为学莫重于尊师。"——谭嗣同

4. "学生对教师的尊敬的唯一源泉在于教师的德和才。"——爱因斯坦

5. "师者，所以传道受业解惑也。"——韩愈

6. "在教师手里操着幼年人的命运，便操着民族和人类的命运。"——陶行知

7. "教师是过去和未来之间的一个活的环节。它的事业，从表面来看虽然平凡，却是历史上最伟大的事业之一。"——乌申斯基

8. "教师的威信首先建立在责任心上。"——马卡连柯

9. "教师不仅是知识的传播者，而且是模范。"——布鲁纳

10. "经师易遇，人师难遇。"——袁宏

互动交流 1　教师节的由来

以前，我国并没有教师节。那时的老师们都非常辛苦，他们为了学生们的成长，付出了很多努力。

在 1931 年，一些热爱教育的人们觉得应该给老师们一个特别的日子，来感谢他们的辛勤付出。于是，他们提议将每年的 6 月 6 日定为教师节，并发表宣言，希望改善老师的待遇，保障他们的工作，并提高他们的修养。虽然这个教师节并没有得到当时国民党政府的承认，但在很多地方，人们都开始庆祝这个特别的日子，表达对老师的敬意和感激。

随着时间的推移，1939 年，国民党政府选择了孔子的诞辰日，8 月 27 日，作为教师节。他们希望通过这种方式，表达对古代伟大教育家孔子的敬意。但是，这个教师节也没有在全国推行开来。

中华人民共和国成立后，中央人民政府决定恢复 6 月 6 日为教师节。每年的这一天，老师们都会收到来自学生和家长们的祝福和感谢。在 1951 年，政府决定将五一国际劳动节作为教师节。但这个日子是为了纪念所有劳动者而设立的，人们发现，这一天并没有特别突出老师的地位和特点。

在接下来的几十年里，由于各种原因，教师节并没有得到足够的重视。甚至在一段时间内，教师节几乎被忘记了。

直到 1981 年，一些关心教育的人们开始呼吁重新确立教师节。他们认为，老师是培养国家未来栋梁的重要人物，应该有一个属于他们自己的节日。

经过多年的努力，在 1985 年，每年的 9 月 10 日被确立为教师节。这个决定得到了全国人民的热烈响应。每年的这一天，学生都会为老师准备各种礼物和表演，以表达对他们的敬意和感激。

随着时间的推移，教师节越来越受到人们的重视。每年的这一天，不仅学生会为老师送上祝福和感谢，社会各界也会通过各种方式表达对老师的敬意。老师们感受到了社会的温暖和支持，更加坚定了他们为教育事业奉献的决心。

如今，教师节已经成为了一个重要的节日。它不仅是一个庆祝的日子，更是一个提醒我们尊师重教的日子。

1. 请学生进行小组讨论，说一说古时候人们是如何尊师重道的，与现代教师节相比有哪些异同。
2. 请同桌之间共同合作，制作一张有关教师节的海报，制作完成后上台分享海报的设计思路。
3. 教师事先准备不同时代教师节的图片或相关资料，请学生上台梳理顺序，还原教师节从古至今的发展历程。

评析

通过了解教师节的起源和发展，学生能够更好地理解尊师重道的传统文化，懂得感恩和尊敬老师的重要性。教师节的演变历程反映了社会和教育的发展变化，通过学习，学生可以了解不同历史时期对教师的尊重和认可程度，以及教育的重要性。这对于培养学生的历史意识和文化素养非常有益。

扩 展 习 题

1. 我国教师节的日期是（　　　）。

    A. 10 月 10 日   B. 9 月 10 日   C. 7 月 1 日   D. 9 月 9 日

2. 哪个国家是世界上第一个设立教师节的国家？（　　　）

    A. 中国   B. 英国   C. 葡萄牙   D. 日本

3. 设立教师节是为了向教师表达（　　　）之情。

    A. 感谢   B. 厌倦   C. 不屑   D. 害怕

4. 我国于（　　　）年正式确立教师节。

    A. 1999 年   B. 1982 年   C. 1980 年   D. 1985 年

5. 中国古代最早的教育家之一，有"至圣先师""万世师表"之称的是（　　　）。

    A. 孔子   B. 老子   C. 庄子   D. 韩非子

答案：B　C　A　D　A

互 动 交 流 2　庆祝教师节的方式

在一个阳光明媚的早晨，李科和同学们兴奋地走进学校。他们知道，今天是一个特别的日子——教师节。虽然这不是中国的传统节日，但每年这个时候，大家都会用不同的方式来庆祝教师节，表达对老师们的敬意和感激。

在学校里，老师就像温暖的太阳，照亮了他们的学习之路。老师们不仅教授知识，还关心他们的成长和进步。李科和同学们决定，今天要用自己的方式，给老师们送上一份特别的惊喜。

学校为了庆祝教师节，准备了一场盛大的庆祝活动。操场上搭起了舞台，悬挂着五彩斑斓的彩旗。老师们整齐地坐在前排，脸上洋溢着幸福的笑容。

活动开始了，首先是由学生们表演的歌舞节目。李科和同学们组成歌舞团，穿着漂亮的服装，走上舞台。他们载歌载舞，用欢快的音乐和舞蹈表达了对老师们的敬意和感谢。老师们看到他们的表演，纷纷鼓掌喝彩。

除了歌舞表演，学校还组织了走访活动。李科和同学们分成几个小组，带着鲜花和礼物，去了老师家里拜访。他们走进老师的家里，把鲜花和礼物送给老师，并大声说出自己的祝福和感谢。收到礼物的老师十分感动，他们感受到了学生们真挚的情感和关怀。

同时，学校还为新入职的教师们组织了集体宣誓活动。在庄严的誓词中，新教师承诺会用心教书育人，为学生的成长和未来贡献自己的力量。李科和同学们也一起观看了宣誓仪式，他们感受到了教育事业的崇高和伟大。

除了学校的庆祝活动，李科和同学们还自发地准备了更多的惊喜。他们利用课余时间，制作精美的板报、贺卡和绘画作品。在板报上，他们写下了对老师的感谢和祝福；在贺卡和绘画作品中，他们用自己的笔触表达了对老师的尊敬和爱意。

当老师们走进教室时，他们被眼前的景象惊呆了。教室里挂满了学生们的作品，每一幅都充满了真挚的情感和美好的祝愿，老师们感动得热泪盈眶。

这一天，李科和同学们过得非常开心和充实。他们用自己的方式庆祝了教师节，表达了对老师们的敬意和感激之情。老师们是他们成长道路上的引路人，他们会永远珍惜和感激这份情谊。在未来的日子里，他们会更加努力地学习，成为更优秀的人。

1. 请学生制作一张创意感谢卡片，写下对老师的感谢。可以画画、写字或者贴上喜欢的贴纸，让感谢卡更有特色。
2. 请同桌之间互相说一说，自己喜欢哪一种庆祝方式，为什么。
3. 感恩接力赛小游戏：教师提前准备好若干写有感恩教师的话语的纸条，设置起点和终点，将学生分组，学生需在起点抽取纸条，跑到终点并大声朗读纸条上的内容，并解释其含义，最终在规定时间内朗读纸条数量最多的小组获胜。

评析

教师节的各种庆祝活动让学生有机会向老师表达感谢，同时，它让学生认识到，尊重和感谢可以有不同的表达形式。制作贺卡、画画、表演节目……每一种方式都表达了真诚的心意。每个人的付出都值得被看见和感激，教师节的多彩庆祝方式，能让学生学会感恩和尊重，更加珍惜学习的时光。

扩展习题

1. 教师节期间，以下哪个行为不是尊敬老师、向老师表达感谢的行为？（　　）
   A. 送给老师一封感谢信　　　　　　　B. 为老师制作集体感谢视频
   C. 送给老师一张自己画的画　　　　　D. 在课堂上大声喧哗，引起注意
2. 如果你要制作一张感谢卡给老师，以下哪种做法是不合适的？（　　）
   A. 在卡片上写下你对老师感谢的话语
   B. 在卡片上画出你和老师在学校的有趣故事
   C. 在卡片上写下你对老师的不满和抱怨
   D. 在卡片上贴上你喜欢的贴纸，让它更有创意和趣味
3. 为什么我们要庆祝教师节？（　　）
   A. 因为老师会给我们放假

B. 因为我们想感谢老师的教导和付出

C. 因为老师不会批评我们

D. 因为我们喜欢送礼物

4. 以下选项中，哪一个是尊重老师的行为？（　　　）

　A. 在课堂上大声喧哗　　　　　　　B. 拒绝参加任何课堂活动

　C. 课后对老师进行恶作剧　　　　　D. 认真完成老师布置的作业

5. 为什么要尊重老师？（　　　）

　A. 尊师重道并不是中国的传统

　B. 因为老师教会我们知识和做人的道理

　C. 因为老师总是对的，不会出错

　D. 因为这是家长的要求

答案：D　C　B　D　B

互动交流 3　庆祝教师节的意义

在一个风景如画的秋日，阳光温柔地洒在青藤中学的校园里。今天是教师节，这个特殊的日子对学校的师生们来说，是表达感恩之心、进行情感交流的好机会。

一大早，学生们便纷纷开始忙碌起来，他们想要用自己的方式向老师表达敬意和感谢。教室里，学生们手工制作了精美的贺卡，上面写着他们对老师的感激和祝福；操场上，一些同学排练起了歌舞节目，准备为老师们献上一场精彩的表演。

周非是班上的学习委员，他深知老师们的辛勤付出和无私奉献。为了向老师表达敬意和感谢，他决定组织一次特别的庆祝活动。他和同学们商量，决定为每位老师送上一封手写的感谢信。

周非和同学们利用课余时间在感谢信上写下了自己对老师的感激之情和未来的承诺。

当感谢信送到老师们手中时，老师们都被这份特别的礼物深深感动。他们纷纷表示，这份礼物比任何物质奖励都更让他们感到欣慰和骄傲。老师们说，看到学生们健康成长、不断进步，就是他们最大的幸福。

除了送感谢信，周非还组织了一场师生座谈会。在座谈会上，同学们纷纷发言，分享了自己在老师们的教导下取得的进步和收获。老师们也分享了自己的教育心得和期望，鼓励学生们要珍惜时光、努力学习。

座谈会的气氛温馨而融洽，师生们畅所欲言、交流心得。这种互动式的交流让师生之间的关系更加紧密，也让学生们更加珍惜与老师相处的时光。

通过这次教师节庆祝活动，青藤中学的师生们增进了彼此之间的了解和信任。学生们明白，老师不仅是传授知识的人，更是他们成长道路上的引路人。他们感谢老师们的辛勤付出和无私奉献，也深刻认识到尊师重道的重要性。

在未来的日子里，青藤中学的师生们将继续保持这种和谐融洽的师生关系，共同努力、共同成长。他们相信，在感恩之心的引领下，他们将能够走向更加美好的未来。

不仅如此，这次庆祝活动还激发了学生们更加努力学习的动力。他们明白，只有不断进步、不断提高自己，才能回报老师们的辛勤付出和期望，这种积极向上的学习氛围在青藤中学蔚然成风。

1. 请学生结合上述故事，说一说为什么培养感恩之心很重要。
2. 请学生课前在家中采访家人或长辈，问问他们，为什么要庆祝教师节，课上与大家分享他们的回答。
3. 请学生以绘画或文字创作的形式，描绘出自己心目当中好老师的形象，并说一说原因。

评析

通过学习教师节的意义，学生记住了老师们的辛勤付出和无私奉献。他们不仅教会学生知识，更引导学生成长。通过向老师表达敬意和感谢，学生学会了尊重和感恩，明白了尊师重道是中华民族的传统美德。同时，庆祝教师节也促进了师生之间的情感交流，让学生更加珍惜与老师相处的时光，愿意与老师分享学习和生活。这样的交流不仅有助于学生的学习进步，更有助于培养一颗感恩之心，懂得珍惜和回报他人的关爱。

扩展习题

1. 下列选项中，哪个行为能够体现尊师重道？（　　　）
   A. 尊重老师，虚心接受老师的批评并改正
   B. 随意称呼老师
   C. 不做老师布置的作业
   D. 在课堂上捣乱，影响课堂纪律
2. 以下哪个成语与教师无关？（　　　）
   A. 桃李满天下　　　B. 为人师表　　　C. 良师益友　　　D. 卧薪尝胆
3. 以下选项中，哪个行为不利于与老师建立更好的关系？（　　　）
   A. 上课时积极发言　　　　　　　B. 尊重老师，礼貌称呼老师
   C. 在背后说老师的坏话　　　　　D. 遇到困难时向老师求助
4. 下列哪句话是不能够用来感谢老师的？（　　　）
   A. "谢谢老师，您辛苦了！"
   B. "老师，您讲得真差！"

  C. "感谢您，老师，是您让我学到了很多知识。"

  D. "老师，祝您教师节快乐！"

5. 教师节时，学生可以送给老师什么礼物？（ ）

  A. 一封自己制作的感谢信   B. 贵重的首饰

  C. 现金或购物卡   D. 酒精或烟草制品

  答案：A D C B A

互 动 交 流 ④   **优秀教师代表**

  在遥远的丽江山区，有一位名叫张桂梅的女教师。她并不是那里的人，但在 1996 年，因为一场家庭变故，她来到了这个美丽但贫穷的地方。原本，她只是想暂时忘记失去爱人的痛苦，但没想到，这里的孩子们却赋予了她全新的生活意义。

  当她走进山区的学校，看到孩子们纯真而渴望知识的眼睛时，她的心被深深触动了。她决定留下来，为这些孩子们做些什么。她开始努力工作，用自己微薄的工资来改善孩子们的学习和生活条件。

  张桂梅老师非常节省，她每天的生活费不超过三元钱。但她总是把省下的钱用在学生身上，买学习用品、买书，还有为孩子们补充营养。她经常告诉孩子们，知识就是力量，只有通过学习，他们才能改变自己的命运。

  慢慢地，张桂梅老师的事迹传遍了整个山区。人们都被她的精神所感动，纷纷伸出援手。张桂梅老师先后捐出了 40 多万元，帮助了无数贫困的孩子。在她的努力下，没有一个学生因为贫穷而辍学。

  2006 年，云南省政府奖励了张桂梅老师 30 万元。她没有为自己花一分钱，而是全部捐给了一座山区小学，用来改建校舍，让更多的孩子能够有学上。

  除了教学工作，张桂梅老师还担任了丽江华坪县"儿童之家"的院长。从 2001 年开始，她成了 54 名孤儿的母亲。她不仅关心孩子们的学习，还照顾他们的生活，给他们带去母爱和温暖。

  有一次，张桂梅老师生病了，病得很重，但她一直坚持到把学生送进中考考场后才去医院。医生从她的腹腔里切出了一个超过 2 公斤的肿瘤。这个消息让所有人都震惊了，但张桂梅老师却笑着说："只要我还能站起来，我就要继续教书。"

  张桂梅老师的事迹感动了无数人，她也成了党的十七大代表。在大会上，她向公众讲述了自己的梦想：让每一个贫困家庭的女孩都能有书读，有梦想，有未来。

  2008 年，华坪女子高级中学成立了，专门供贫困家庭的女孩读书。在张桂梅老师的带领下，学校不断发展壮大，越来越多的女孩从这里走进了大学的校门，实现了自己的梦想。

  然而，随着学校的成功，张桂梅老师的身体却越来越差。她患上了 10 余种疾病，但她从未放弃过。她总说："只要我还能呼吸，我就要继续为孩子们的未来努力。"

如今，华坪女子高级中学已经建校 16 年了。在这 16 年里，有上千名大山里的女孩走进了大学，成了社会的栋梁之才。她们感谢张桂梅老师，感谢她给了她们一个改变命运的机会。

张桂梅老师的故事传遍了整个中国，她成了无数人心中的英雄。她用自己的行动证明了：只要有爱，就有力量；只要有梦想，就有希望。她的事迹将永远激励着我们，让我们相信，只要我们用心去做，就能够创造奇迹。

1. 请学生课前收集优秀教师的先进事迹，课上分享给其他人。
2. 请学生采用小组讨论的形式，互相分享在这些优秀教师的故事里自己最受感动的部分，并说说原因。
3. 请学生组成一个采访小队，尝试采访自己学校的老师，了解他们在教学中的困难和挑战，以及他们是如何克服的。简单总结成一个报告。

评析

学习优秀教师的事迹，对学生来说具有深远的意义。这些事迹不仅让学生们了解到教师职业的艰辛与伟大，更激发了学生对学习的热情和追求。通过了解像张桂梅老师这样的优秀教师，学生们能够学会感恩，珍惜现有的学习机会，懂得坚持和努力的重要性。同时，这些事迹也能激励学生们树立正确的价值观，明白通过自己的努力和奋斗，可以改变命运，实现梦想。因此，学习优秀教师的事迹，对学生来说，既是一次心灵的洗礼，也是一次成长的契机。

扩展习题

1. 学习优秀教师的事迹，可以了解到教师工作的（   ）。
   A. 轻松简单   B. 艰辛不易   C. 毫无挑战   D. 枯燥无味
2. 张桂梅老师的事迹告诉我们，学习是为了（   ）。
   A. 考试得高分   B. 应付老师和家长
   C. 改变自己的命运   D. 与其他人攀比
3. 通过了解优秀教师的事迹，可以学到哪些优秀品质？（   ）
   A. 勤奋和无私   B. 懒惰和自私   C. 胆小和懦弱   D. 自负和骄傲
4. 学习优秀教师的事迹可以帮助我们（   ）。
   A. 更好地玩游戏   B. 了解教师的辛勤付出
   C. 逃避学校作业   D. 随意对待学习
5. 学习了优秀教师的事迹后，我们应该如何对待学习？（   ）

A. 轻视并忽视它　　　　　　　B. 把它当作一种负担

C. 珍惜机会，努力学习　　　　D. 对学习漠不关心

答案：B　C　A　B　C

互动交流 5　学会尊重老师

在一个阳光明媚的早晨，飞飞早早地起床，准备迎接新的一天。在上学的路上，飞飞想起了老师常说的那句话："学习不仅仅是为了考试，更是为了成长。"他深深地吸了一口气，决定今天要更加认真地听讲，不辜负老师的辛勤付出。

第一节课是数学课，飞飞端端正正地坐在座位上，眼睛紧紧地盯着黑板。当老师开始讲解新的知识点时，他认真地听着，生怕错过任何一个细节。当老师提问时，飞飞鼓起勇气，大声地回答了问题。虽然他的回答不是很完美，但老师还是表扬了他的勇气和进步。飞飞心里美滋滋的，觉得自己的努力得到了认可。

下课后，飞飞看到老师正在教室里批改作业，他走过去，轻声地问："老师，我可以帮您做些什么吗？"老师微笑着说："谢谢你，飞飞。你可以去帮同学们解答一些简单的题目吗？"飞飞欣然答应，他觉得自己帮到了老师，心里开心极了。

在接下来的课间休息时，飞飞看到一位同学不小心撞到了老师，他立刻跑过去，扶起老师并提醒那位同学向老师道歉。他的礼貌和尊重赢得了同学们的赞赏和老师的微笑。

下午，飞飞在写作业时遇到了一些困难。但他没有放弃，而是想起老师鼓励的话语，耐心地思考，最终解决了问题。他认真完成作业，仔细检查每一道题目，确保没有马虎导致的错误。他知道，珍惜老师的辛勤付出，就是要用自己的实际行动来回报。

放学后，学校组织了一次课外活动。飞飞积极参与其中，不仅展现了自己的才能，还帮助其他同学完成任务。他的表现得到了同学们的认可和老师的鼓励。

活动结束后，飞飞看到老师还在忙碌地整理活动资料，他走过去帮忙。老师感动地说："飞飞，你真是一个懂事的好孩子。你的努力和进步，我看在眼里，心里非常欣慰。"飞飞听了，心里暖洋洋的。

晚上，飞飞躺在床上回想今天的一天。他觉得自己过得非常充实和有意义，因为他用自己的行动践行了尊师重道的精神。他想起了老师那鼓励的眼神和微笑的脸庞，心里充满了感激和敬意。

1. 请学生说一说，除了在教师节期间，在日常生活中该如何向老师表达感谢，还有哪些行为能够体现对老师的尊重。

2. 教师可以引导学生，讨论在学校外碰到老师该如何做，告诉学生无论在校内还是校外都要尊重老师，礼貌待师。

3. 教师课后可以布置"小小助手"的任务，学生轮流扮演教师的助手，帮助教师整理教室、分发作业等。通过这个角色，让学生体验教师的日常工作，更加珍惜教师的付出。

评析

在日常生活中，尊重教师和认真对待学习对学生的成长至关重要。老师是学生学习的引路人，他们传授知识，解答疑惑，帮助学生打开知识的大门。学生应该以谦逊的态度，虚心向他们学习，珍视他们的教诲。同时，认真对待学习也是成长的必经之路。学习不仅是为了获取知识，更是为了培养思维能力、判断能力和解决问题的能力。通过认真学习，学生能够更好地掌握知识，提升自我，为未来的生活打下坚实的基础。因此，尊重教师和认真对待学习是学生日常生活中不可或缺的一部分。

扩展习题

1. 作为学生，下课后应该如何礼貌地对待老师？（　　　）
   A. 忽视老师的存在，直接离开教室
   B. 在背后嘲笑老师的穿着或发型
   C. 遇到老师，应礼貌向老师问好
   D. 与同学打闹，不小心撞到老师也不道歉

2. 完成作业时，应该如何体现对老师的尊重？（　　　）
   A. 拖延时间，不按时完成作业　　　　B. 抄袭同学的作业
   C. 对待作业马虎，随意应付　　　　　D. 认真完成作业，字迹工整

3. 当我们意识到自己的行为可能让老师失望或伤心时，应该怎么做？（　　　）
   A. 不在意，继续我行我素　　　　　　B. 责怪其他同学，转移责任
   C. 反思自己的行为，并向老师道歉　　D. 否认自己的错误，拒不道歉

4. 在与老师交流时，如何体现礼貌待师？（　　　）
   A. 认真倾听，并回应老师的提问
   B. 不理睬老师的招呼
   C. 随意打断老师的讲话
   D. 模仿老师的言行举止

5. 放学后，遇到老师我们应该怎么做？（　　　）
   A. 视而不见，快速走过　　　　　　　B. 主动问好，礼貌对待
   C. 背后说老师的坏话　　　　　　　　D. 不理不睬，装作没看见

   答案：C D C A B

第十四章　中秋情浓意更浓

随着秋风轻轻地吹拂，金黄的树叶悄然落下，铺满了大地。时光悠悠地来到了一个重要的传统节日——中秋节。

中秋节，是一个团圆的节日，是一个寄托思念的节日。它象征着家庭的和谐与幸福，也代表着中华民族对于团圆的深深向往。在这一天，无论人们身处何方，都会抬头仰望那轮明亮的圆月，寄托自己的思念和祝福。

自古以来，在中秋佳节，无数文人墨客都曾被那轮明亮的圆月所触动，留下了许多脍炙人口的诗篇。这些诗句不仅描绘了月亮的美丽与神秘，更寄托了诗人对家乡、对亲人的深深思念。下面是一些与中秋节有关的诗句，请同学们感受蕴含在其中的情感与意境，看看诗人们是如何用文字描绘中秋之夜的美丽与动人的。

1. "好时节，愿得年年，常见中秋月。"——明·徐有贞《中秋月·中秋月》
2. "一月可曾闲几日，百年难得闰中秋。"——清·慧霖《闰中秋玩月》
3. "但愿人长久，千里共婵娟。"——宋·苏轼《水调歌头·明月几时有》
4. "柳下系舟犹未稳，能几日，又中秋。"——宋·刘过《唐多令·芦叶满汀洲》
5. "未必素娥无怅恨，玉蟾清冷桂花孤。"——宋·晏殊《中秋月》
6. "青女素娥俱耐冷，月中霜里斗婵娟。"——唐·李商隐《霜月》
7. "万里婵娟，几许雾屏云幔。"——宋·吴文英《玉漏迟·瓜泾度中秋夕赋》
8. "寄言俦侣，莫负广寒沈醉。"——明·文征明《念奴娇·中秋对月》
9. "素娥无赖，西去曾不为人留。"——宋·苏辙《水调歌头·徐州中秋》
10. "想见广寒宫殿，正云梳风掠。"——宋·辛弃疾《好事近·中秋席上和王路钤》

互动交流 1　中秋节的传说

传说，在遥远的古代，共有十个炽热的太阳，它们按照既定的规律轮番照耀大地，为世界带来温暖和光明。人们在这和煦的阳光下辛勤劳作，享受着和平与繁荣的生活。然而，有一天，这些太阳不再满足于交替出现的安排，它们决定同时升空，让大地沐浴在无尽的光照之下。

随着十个太阳的同时出现，大地开始遭受炙烤，水分迅速蒸发，草木因干渴而枯黄。人们的生活陷入了困境，无法再像从前那样安居乐业。此时，英勇的后羿挺身而出，他决心为人间解除这一灾难。于是，他拿起一把神箭，瞄准了天空中的太阳，接连射下九个。最终，只剩下一个太阳悬挂在天际，为人间带来舒适的温暖和光明。

后羿因此成为人们心中的英雄，受到了众人的敬仰和崇拜。他的门徒众多，其中有一个名叫逢蒙的人。逢蒙表面上对后羿恭敬有加，但内心却贪婪狡诈，一直觊觎着后羿的宝物。他渴望得到后羿的神箭，以便自己能够掌控更多的力量。

后羿的妻子嫦娥，是一位美丽而善良的女子。她经常帮助那些生活贫困的乡亲，深受大家的喜爱。一天，昆仑山的西王母赠予后羿一颗仙药，据说服用此药可以长生不老，甚至飞升仙界。然而，后羿深爱着嫦娥，他不愿独自成仙，便将仙药交由她保管。嫦娥深知仙药的重要性，她小心翼翼地将仙药藏在百宝匣中，生怕被他人得知。

然而，这个秘密最终还是被逢蒙得知。在一个八月十五的夜晚，当后羿外出时，逢蒙趁机闯入后羿的家。他威胁嫦娥交出仙药，否则就要对后羿不利。嫦娥深知仙药若落入逢蒙之手，必将祸害人间。她不愿让更多的人受到伤害，于是毅然决定牺牲自己。她取出仙药，毫不犹豫地服了下去。

仙药的力量瞬间涌遍嫦娥的身体，她感到自己的身体变得轻盈如羽。她飘然升空，穿越云层，朝着明亮的月亮飞去。她的身影逐渐消失在夜空中，只留下一轮皎洁的明月和那只陪伴她的玉兔。

后羿归来后，发现嫦娥不见了踪影。他焦急地四处寻找，最终抬头望向了天空。在月亮上，他看到了嫦娥的身影。她身着白衣，宛如仙子般美丽动人。后羿试图追赶，但每当他向前迈出一步，月亮就后退一步，始终无法触及。他心中充满了无尽的思念和惋惜，只能默默地仰望着月亮上的嫦娥。

为了纪念善良的嫦娥，人们在每年的八月十五这一天都会举行盛大的庆祝活动。他们摆上嫦娥喜爱的食物，如桂花糕、月饼等，遥远地为她送上祝福。家家户户都会点亮灯笼，象征着团圆和幸福。这一天也逐渐演变成了中国的传统节日——中秋节。每逢中秋佳节，家人团聚在一起，共赏明月，品尝月饼，分享彼此的喜怒哀乐，这些成了中华民族的传统习俗。而嫦娥奔月的故事也被流传下来，成了人们心中永恒的传说。

1. 请学生之间互相讲一讲，还有哪些有关中秋节的传说故事。

2. 结合相关资料，学生可以在小组内说一说中秋节最早起源于什么时期，与农历的哪个月份有关，为什么。

3. 教师可以在教室内组织学生简单还原嫦娥奔月的故事内容，以此来加深记忆。

评 析

关于中秋节的传说是中华民族的文化瑰宝，通过了解和学习，学生能够更好地了解和传承中华民族的传统文化，增强文化自信心和民族自豪感。中秋节的传说里蕴含着丰富的道德教育和人生智慧，如嫦娥的舍己为人、玉兔的勤劳善良等，这些品质和价值观对学生的成长和发展具有积极的指导意义。此外，通过阅读中秋节的故事，学生还可以拓宽视野，增强想象力和创造力，激发对历史和文化的兴趣。

扩展习题

1. 中秋节与哪个古代神话人物有关？（　　　）
　　A. 伏羲　　　　　　B. 夸父　　　　　　C. 嫦娥　　　　　　D. 女娲
2. 中秋节在（　　　）就已经成为官方认定的全国性节日。
　　A. 宋朝　　　　　　B. 唐朝　　　　　　C. 明朝　　　　　　D. 清朝
3. 以下哪一项不是与中秋节有关的传说？（　　　）
　　A. 鹊桥相会　　　　B. 嫦娥奔月　　　　C. 吴刚伐桂　　　　D. 玉兔捣药
4. 中秋节是农历的哪一天？（　　　）
　　A. 五月十五　　　　B. 七月十五　　　　C. 八月十五　　　　D. 九月初九
5. 二十四节气中，离中秋节最近的节气是（　　　）。
　　A. 惊蛰　　　　　　B. 秋分　　　　　　C. 白露　　　　　　D. 冬至
答案：C B A C B

互动交流 2　中秋节的传统习俗

中秋节在中国是家家户户都非常重视的传统节日，这个节日不仅意味着团圆和欢庆，还承载着丰富的民间习俗和深厚的文化内涵。

在一个宁静的小镇上，有个叫许泽的男孩，他从小就对中秋节充满了好奇和期待。每年中秋节，他都会和家人一起参与各种习俗活动，包括祭月、赏月、观灯和观潮。这些活动对许泽来说，不仅是传统，更是与家人共度美好时光的方式。

中秋节前夕，许泽和家人一起忙碌着准备节日的用品。他们精心挑选了新鲜的水果、精美的糕点和香烛。许泽知道，这些都是祭月时必不可少的物品，代表着人们对月亮的敬仰。

晚上，当月亮缓缓升起时，许泽和家人一起来到院子里祭月。他们点燃香烛，虔诚地向月亮祈祷，希望家庭和睦、生活美满。许泽看着明晃晃的月亮，心中充满了敬仰和向往。

祭月仪式结束后，许泽迫不及待地拿出望远镜，准备赏月。他仰望着月亮，那轮明月如同一面镜子，映照出他内心深处的梦想和愿望。许泽突然发现，月亮上似乎有一些模糊的身影，他猜想那可能是传说中的嫦娥和玉兔。这个发现让许泽兴奋不已，他迫不及待地与家人分享了这个奇妙的景象。

就在这时，小镇上响起了一阵欢快的锣鼓声。许泽好奇地探出头去，只见一群村民手持彩灯在广场上欢快地舞蹈。那些彩灯五彩斑斓，如同夜空中闪烁的星星，将整个小镇装点得如诗如画。许泽忍不住拉着家人的手，加入这场欢乐的舞蹈。他们手舞足蹈，脸上洋溢着幸福的笑容，整个小镇都被欢乐与祥和的氛围所包围。

舞蹈结束后，许泽和家人一起来到江边观潮。江水在月光的照耀下波光粼粼，随着月亮的升起，潮水也开始慢慢涨起。许泽站在江边，感受着潮水带来的震撼和力量。他闭上眼睛，倾听大自然的声音，仿佛能听到潮水与月亮之间的和谐对话。

观潮结束后，许泽和家人回到家中继续赏月。他们一边品尝着美味的月饼和果品，一边谈论着刚刚观潮时的感受。许泽突然想起了月亮上的身影，他不禁陷入了沉思。他想起了嫦娥奔月的故事，想起了她为了守护人间安宁而牺牲自己的精神。许泽心中涌起一股敬意和感慨，他明白了中秋节不仅仅是一个团圆的节日，更是一个感恩和祈福的节日。

许泽度过了一个难忘的中秋夜。他通过祭月、赏月、观灯、观潮等传统习俗活动，不仅感受到了中秋节的魅力和神秘，还深刻体会到了传统文化的深厚底蕴。从此以后，许泽更加珍惜中秋节的传统习俗，与家人一起度过了一个又一个温馨而快乐的中秋夜。

1. 请学生结合自身经验和相关资料，说一说中秋节还有哪些具有特色的习俗，并派代表发言。
2. 请学生以小组为单位，说一说中秋节人们为什么要祭月和赏月，月亮象征着什么。
3. 请学生说一说，随着时代的发展，如今中秋节的习俗发生了哪些变化，举例说明。
4. 猜灯谜小游戏：教师可以提前在教室不同位置悬挂或摆放若干灯谜，学生分组进行游戏，小组内可交流讨论，在规定时间内答对谜底最多的小组获胜。

评析

中秋节是中华传统文化中重要的节日之一，通过学习和了解中秋节的习俗，学生可以更好地认识我们的文化根源，增强民族自豪感和文化自信心。学习中秋节的习俗，可以了解到中秋节的历史渊源和文化内涵，知道中秋节不仅仅是一个吃月饼、赏月的日子，更是一个家人团聚、感恩祈福的传统节日，有助于培养家庭观念、感恩之心和传统文化意识。同时，学习中秋节的习俗也是对传统文化的一种传承。

扩展习题

1. 以下哪一项不是与中秋节相关的活动？（　　　）
　　A. 划龙舟　　　　　B. 吃月饼　　　　　C. 猜灯谜　　　　　D. 赏月

2. 以下哪一项是中秋节的传统食物？（　　　）
　　A. 粽子　　　　　　B. 汤圆　　　　　　C. 月饼　　　　　　D. 饺子

3. 为什么说中秋节前后是观潮的最佳时期？（　　　）
　　A. 因为潮汐只在中秋节出现
　　B. 因为中秋节前后的秋潮是一年当中最大的潮汐
　　C. 因为只有中秋节才可以去观潮
　　D. 因为潮汐随时随地都有

4. 中秋节观灯时，应该怎么做来保护环境？（　　　）
　　A. 随意丢弃灯笼　　　　　　　　B. 用一次性材料制作灯笼
　　C. 在可燃物附近点燃灯笼　　　　D. 用可回收材料制作灯笼

5. 在中秋节期间，哪种灯是人们用来许愿和祈福的？（　　　）
　　A. 孔明灯　　　　B. 宫灯　　　　C. 造型灯　　　　D. 照明灯

答案：**A　C　B　D　A**

互动交流 3　中秋节的月饼

　　李老师是一所小学的老师，为了让学生们更好地了解中秋节的习俗和背后蕴含的传统文化，李老师决定在临近中秋节时，在班级里开展一场"月饼制作大赛"。

　　学生们听到这个消息后，都非常兴奋。他们纷纷回家准备，要向李老师展示自己制作月饼的技巧。比赛当天，孩子们带来了各种各样的月饼，有甜的、咸的、大的、小的，形状各异，缤纷多彩。

　　第一个出场的是露露，她制作的是广式月饼。露露介绍说，广式月饼皮薄馅大，口感柔软，甜而不腻，是南方地区非常受欢迎的月饼之一。她用了莲蓉和豆沙两种馅料，做得非常精致。李老师品尝后，赞不绝口，说露露的广式月饼让她仿佛感受到了南方的温暖和湿润。

　　接着出场的是飞飞，他制作的是苏式月饼。飞飞说，苏式月饼的特点是皮酥馅嫩，口感层次丰富。他选用了五仁馅，每一颗果仁都经过精心挑选和炒制，香气四溢。李老师尝了一口，点头称赞，说飞飞的苏式月饼让她仿佛穿越到了古色古香的苏州园林。

　　然后是阿杰，他制作的是京式月饼。阿杰说，京式月饼又称"提浆月饼"，它的特点是甜度适中，皮薄馅厚，口感酥脆。他选用了枣泥馅，寓意着团团圆圆、甜甜蜜蜜。

李老师品尝后，脸上露出了满意的笑容，说阿杰的京式月饼让她感受到了北京古都的韵味。

最后出场的是李老师自己，她制作的是潮式月饼。她说，潮式月饼又称"朥饼"，它的特点是皮薄馅滑，口感柔软细腻。她选用了芋头馅，芋头泥经过反复揉捏，口感丝滑，香甜可口。孩子们品尝后，眼睛一亮，仿佛置身于风景如画的潮汕地区。

经过激烈的角逐，学生们都展示出了自己的才华和创意。李老师看着孩子们的笑脸和精美的月饼，感到非常欣慰。她说："孩子们，你们做的月饼都非常好吃，每一种都有它独特的味道和故事。这就是月饼的魅力所在，它不仅仅是一种食物，更是一种文化的传承和情感的表达。"

学生们听了李老师的话，都深有感触。他们明白了，月饼不仅仅是一种美味的食物，还承载着人们对家人团聚的美好祝愿，以及对传统文化的热爱。通过这次活动，学生们不仅学会了制作月饼，还更加深入地了解了中秋节的传统习俗和文化内涵。

1. 请学生在小组内讨论，说一说自己最喜欢吃什么类型的月饼，为什么。
2. 教师可以向学生展示不同类型月饼的图片，请学生根据图片上月饼的特点分辨类型，可以举手抢答。
3. 随着时代的发展，月饼的类型不再拘泥于传统，在形式上有了更多的创新，请学生说一说都曾经吃到过哪些新式月饼。

评析

月饼作为中秋节的传统食品，种类繁多，每种月饼都有其独特的历史背景和制作工艺，这些都是中华文化的重要组成部分。了解月饼就是了解中秋节的饮食，有助于学生更全面地认识中国的传统饮食文化。同时，我国地大物博，风土人情各异，造就了多种多样的饮食文化，因此，了解不同地区中秋节的月饼，就是了解不同地区的文化，有助于丰富眼界，拓宽知识。

扩展习题

1. 以下哪种月饼不是中国传统月饼的种类？（　　　）
   A. 广式月饼　　　　B. 苏式月饼　　　　C. 京式月饼　　　　D. 红茶拿铁月饼
2. 月饼又称月团、宫饼、丰收饼等，在我国文化中有着（　　）的寓意。
   A. 祝贺　　　　　　B. 团圆　　　　　　C. 富贵　　　　　　D. 长寿
3. 以下哪种月饼的馅料通常是由五种不同的坚果和果干混合而成的？（　　　）
   A. 莲蓉月饼　　　　B. 豆沙月饼　　　　C. 五仁月饼　　　　D. 蛋黄月饼
4. 吃月饼的习俗最早可追溯至（　　　）。

A. 宋朝　　　　　B. 唐朝　　　　　C. 元朝　　　　　D. 清朝

5. 以下哪种月饼馅料是中秋节期间较为常见的？（　　）

A. 豆沙　　　　　B. 辣椒　　　　　C. 草莓　　　　　D. 苦瓜

答案：D　B　B　C　B　A

互 动 交 流 4　多元化的中秋节

中秋节是每年最盛大的节日之一，这个节日不仅仅意味着团圆和丰收，更象征着人与自然、人与人之间的和谐共处。

中秋节前夕，一个多民族聚居的小镇上的各族居民都开始忙碌起来。他们纷纷走出家门，到田野里采摘新鲜的水果和蔬菜，为庆祝节日做准备。孩子们则兴奋地帮助家人制作传统的月饼，他们一边揉面团，一边听老人们讲述中秋节的传说和故事。

中秋节当天，小镇上举行了一场盛大的庆祝活动。各族居民穿着自己的民族服饰，手捧着自家制作的月饼和特色食物，聚集在镇中心的广场上。广场上摆放着各种民族乐器，广播里播放着欢快的音乐，让人们感受到节日的喜庆氛围。

庆祝活动开始了，各族居民轮流上台表演本民族的舞蹈和歌曲。他们用自己的方式庆祝丰收，表达对大自然的感激之情。观众们则欣赏着这些精彩的表演，不时发出阵阵掌声和欢呼声。

除了文艺表演，广场上还设有各种传统手工艺品的展示和售卖区。居民们纷纷展示自己的手工艺品,如刺绣、编织、陶瓷等。这些手工艺品不仅展示了各民族的独特文化，也增进了人们之间的相互了解和交流。

当夜幕降临时，一轮明月高悬在天际，洒下柔和的月光。居民们围坐在一起，共同享用着美味的月饼和特色食物。他们一边品尝美食，一边欣赏明月，享受这难得的团圆时光。在这个特殊的夜晚，无论是大人还是孩子，都感受到了家的温暖和幸福。

中秋节不仅是一个庆祝丰收的节日，更是一个促进人与自然、人与人之间和谐相处的时刻。在这个节日里，人们放下了繁忙的工作，与亲朋好友共度美好时光。他们走进大自然，感受自然的恩赐和力量；他们与不同民族的人们交流互动，增进彼此的了解和友谊。

小镇上的中秋节庆祝活动不仅展示了各民族的独特文化和传统，也营造了一个安定祥和的氛围。在这个节日里，没有歧视和偏见，只有团结和友爱。人们用自己的方式庆祝着这个美好的节日，共同为社会的和谐稳定贡献着力量。

1. 请学生举手回答，在中秋节这天，为什么要一家团聚，这意味着什么。

2. 教师将学生分组，请学生以小组为单位设计一次中秋节的庆祝活动，完成后请各小组派代表讲述策划内容和流程，其他学生进行评选。

3. 请学生与同桌互相讨论，为什么中秋节要亲近自然，庆祝丰收，这与中国的农耕文化有什么联系。

评析

中秋节，作为中国重要的传统节日，不仅承载着团圆和丰收的喜悦，更体现了人与自然、人与人之间的和谐共处。庆祝中秋节就是要提醒人们尊重自然、保护环境，与大自然和谐共生；同时，这个节日也是家庭团聚、亲情交融的美好时刻。中秋节的庆祝活动常常汇聚了各民族的文化元素，展现了多元一体的民族特色。因此，了解中秋节的意义，对学生而言，不仅是学习传统文化的过程，更是培养和谐共处意识、增强民族团结和社会责任感的重要途径。

扩展习题

1. 在中秋节期间，人们通过什么活动来加深亲朋好友之间的情感联系？（　　　）
   A. 独自赏月　　　　　B. 观看电影　　　　　C. 家庭团聚　　　　　D. 玩电子游戏
2. 中秋节期间，以下哪种方式可以体现人与自然的和谐相处？（　　　）
   A. 忽视环境保护，过度消费
   B. 过度砍伐树木，以制作灯笼
   C. 过度燃放烟花爆竹
   D. 用环保材料制作灯笼，向周围人普及环保知识
3. 中秋节特色饮食代表着（　　　）。
   A. 丰收和团圆　　　　　　　　　　B. 荣华和富贵
   C. 时尚和潮流　　　　　　　　　　D. 长寿和安康
4. 下列哪项不是中秋节期间人们亲近自然的活动？（　　　）
   A. 赏月　　　　　B. 观潮　　　　　C. 观看联欢会　　　　D. 出门游玩
5. 在中秋节期间，以下哪个行为有助于营造安定祥和的社会氛围？（　　　）
   A. 独自制作月饼　　　　　　　　　B. 互相赠送昂贵的礼物
   C. 与人发生争执　　　　　　　　　D. 大家共同参与中秋联欢活动
   答案：C D A C D

第十五章　勿忘九一八，从历史中汲取力量

1931 年 9 月 18 日，日本帝国主义悍然发动了侵华战争，给中国人民带来了无尽的灾难和痛苦。这段历史，不仅是我们民族的耻辱，更是我们民族觉醒和奋起的时刻。

如今，我们回望历史，不是为了延续仇恨，而是为了铭记历史、缅怀先烈、珍视和平。要让这段历史永远铭刻在我们的心中，成为我们不断前行的动力。今天就让我们一起走进九一八事变，走进那段血与泪的历史。

许多仁人志士都留下了有关爱国的深刻名言，这些名言不仅是他们个人情感的抒发，更是中华民族不屈不挠、自强不息精神的集中体现。今天，就请同学们一同阅读以下名言，聆听这些爱国名人的心声，感受他们那份坚定的信念和炽热的爱国情怀。

1. "未惜头颅新故国，甘将热血沃中华！"——赵一曼

2. "祖国如有难，汝应作前锋。"——陈毅

3. "与其忍辱生，毋宁报国死。"——何香凝

4. "宁做流浪汉，不做亡国奴。"——丰子恺

5. "我有我的人格、良心，不是钱能买的。我的音乐，要献给祖国，献给劳动人民大众，为挽救民族危机服务。"——冼星海

6. "大江歌罢掉头东，邃密群科济世穷。面壁十年图破壁，难酬蹈海亦英雄。"——周恩来

7. "寄意寒星荃不察，我以我血荐轩辕。"——鲁迅

8. "爱国之心，实为一国之命脉。"——蔡元培

9. "瞒人之事弗为，害人之心弗存，有益国家之事虽死弗避。"——吕坤

互动交流 1　铭记九一八事变

在一所中学的历史课堂上，老师站在讲台上，神情庄重地向学生们讲述着九一八事变的历史背景。她的声音抑扬顿挫，那段沉痛而悲壮的历史仿佛重现于学生们眼前。

她说:"同学们,今天我们要一起回顾一段非常重要的历史,那就是九一八事变。这个事件不仅是中国抗日战争的起点,更是中国人民反抗外敌侵略、保卫国家主权和领土完整的开始。"

老师缓缓地继续说道:"当时的中国,正处于一个风雨飘摇、动荡不安的时代。军阀割据,各地战乱频发,经济凋敝,物价飞涨。人民生活在贫困与苦难之中。而在这个时候,日本帝国主义却对中国虎视眈眈,企图通过侵略战争来扩张自己的势力范围。"

"日本的经济当时也陷入了困境之中,他们面临着严重的经济危机和社会压力。为了摆脱困境,日本帝国主义策划了一系列事件来转移国内视线,制造混乱局面。比如万宝山事件和中村事件等,这些都是日本帝国主义在东北地区制造的事端。"

老师语气沉重地说:"然而,这些企图并没有得逞。中国人民是有着坚强意志和民族精神的,我们没有被吓倒,更没有屈服。相反,我们更加团结起来,开始了艰苦卓绝的抗日斗争。在这场斗争中,中国共产党发挥了重要的领导作用。他们号召人民团结一心,共同抵抗外敌入侵。虽然面临着巨大的困难和挑战,但中国人民从未放弃过对和平与正义的追求。"

老师眼中闪烁着泪光,她继续说道:"同学们,九一八事变是一段充满艰辛和奋斗的历史。它让我们看到了中华民族坚韧不拔的精神和毅力。同时,它也提醒我们要牢记历史,不忘初心,为实现中华民族的伟大复兴而努力奋斗。我们要从中汲取力量,珍惜今天的和平生活。我们要努力学习知识,提高自己的素质和能力,为祖国的繁荣富强贡献自己的力量。只有这样,我们才能更好地捍卫国家主权和领土完整,让中华民族永远屹立于世界民族之林。"

随着老师的讲述,学生们仿佛穿越到了那个烽火连天的战争年代,感受到了那个时代的艰辛与悲壮。他们聚精会神地听着,脸上写满了对历史的敬畏和对未来的憧憬。他们明白,九一八事变不仅是一段历史,更是一面镜子,映照出中华民族不屈不挠的精神风貌和追求和平的坚定信念。

在课堂的结尾,老师对学生们说:"同学们,让我们永远铭记这段历史吧!让我们以史为鉴,珍惜和平,努力学习,为实现中华民族的伟大复兴而努力奋斗!"

1. 请学生说一说,九一八事变发生前,中国国内处于怎样的政治和经济状态;这对事变的发生有何影响。
2. 请学生讲一讲,九一八事变对当时的世界格局产生了怎样的影响;国际社会对此有何反应。

评析

学习九一八事变发生的时代背景对学生来说具有重要的意义。首先,了解这段历史可以让学生更好地认识中国近代史的复杂性，认识到国家主权和领土完整的重要性。其次，学习九一八事变发生的背景，可以培养学生的历史意识和民族意识，激发他们的爱国情感和民族自尊心。最后，学习九一八事变的历史背景还可以帮助学生更好地理解当今中国的和平发展政策，以及在国际事务中如何维护国家利益和尊严。因此，学习九一八事变发生的时代背景对学生来说是必不可少的，它不仅有助于学生更好地了解自己的国家和民族，也有助于培养他们的历史素养和爱国情怀。

扩 展 习 题

1. 九一八事变的日期是（　　　）。
　A. 1930 年 9 月 18 日　　　　　　　B. 1931 年 9 月 18 日
　C. 1940 年 10 月 1 日　　　　　　　D. 1935 年 8 月 1 日

2. 以下哪一项是九一八事变的别称？（　　　）
　A. 柳条湖事件　　　B. 锦州事变　　　C. 七七事变　　　D. 皖南事变

3. 九一八事变的发生对当时的世界格局产生了深远影响，以下哪一项是不正确的？
（　　　）
　A. 对国际秩序造成了深远影响
　B. 使中国成为国际关注的焦点
　C. 加剧了世界反法西斯战争的形势
　D. 导致全球经济危机爆发

4. 九一八事变后，日本在我国（　　　）地区建立了伪满洲国傀儡政权。
　A. 东北　　　　B. 中南　　　　C. 西南　　　　D. 西北

5. 九一八事件前夕，日本制造了（　　　），希望借此事件造成东北出现群龙无首的局面，借机占领东北。
　A. 西安事变　　　B. 七七事变　　　C. 皖南事变　　　D. 皇姑屯事件

答案：B A D A D

互 动 交 流 2　九一八事变的经过

在一个晴朗的午后，李路偶然间阅读了一本关于中国历史的书籍。他被书中描述的九一八事变深深震惊了。这本书详细讲述了日军在九一八事变中的挑衅行为以及东北沦陷的过程，让李路仿佛亲身经历了那段历史一般。

他在书中得知了九一八事变又称奉天事变、柳条湖事件，是 1931 年 9 月 18 日日本驻中国东北地区的关东军突然袭击沈阳，以武力侵占东北的事件。九一八事变是由日本蓄意制造并发动的侵华战争。

1931 年 9 月 18 日晚 10 时许，日本关东军岛本大队川岛中队河本末守中尉率部下数人，在沈阳北大营南约 800 米的柳条湖附近，将南满铁路一段路轨炸毁。日军在此布置了一个假现场，摆了 3 具身穿中国士兵服的尸体，反诬是中国军队破坏铁路。

日军独立守备队第二大队随即向中国东北军驻地北大营发动进攻。次日晨 4 时许，日军独立守备队第五大队由铁岭到达北大营加入战斗。5 时半，东北军第七旅退到沈阳东山嘴子，日军占领北大营。战斗中东北军伤亡 300 余人，日军伤亡 24 人。

1931 年 9 月 18 日，事变发生当夜，东北边防军司令长官公署中将参谋长荣臻奉张学良之命，命令东北军"不准抵抗，不准动，把枪放到库房里，挺着死，大家成仁，为国牺牲"。由于执行张学良不抵抗命令，北大营守军被数量不及其十分之一的日军击溃。

1931 年 12 月 15 日，关东军已经开始进攻锦州。由于张学良一再坚持"不抵抗政策"，在不到半年的时间内，整个东北三省 100 万平方公里的土地被日军占领。日本对东北三省的大规模侵略强烈地震动了中国社会，一个群众性的抗日救亡运动很快在全国许多城市和村镇兴起。

随着阅读的深入，李路逐渐了解到九一八事变的背景和原因。当时的日本帝国主义正处于疯狂扩张的状态中，他们野心勃勃地想要侵占中国的领土和资源，而我们的国家在这场战争中遭受了巨大的损失和打击。这让李路感到无比痛心和愤怒，也让他更加深刻地认识到了侵略行为的残忍和不义。

阅读过程中，最令李路印象深刻的场景是日军占领奉天（今沈阳市）的那一幕。当他看到那一张张图片和文字描述时，仿佛感受到了那种令人窒息的压力和紧迫感。日军的肆意妄为、民众的恐慌与绝望都深深地震撼着他的心灵。这场战争不仅是对中国人民的一次巨大考验，也是对整个中华民族的严峻挑战。然而，李路看到更多的是中国人民的团结和坚韧不拔的精神。无论面对怎样的困境和困难，他们都从未放弃过抵抗侵略者的决心和勇气。这种精神让李路敬佩和感动。

1. 请学生结合相关资料，分组讨论在九一八事变中，日军采取了哪些手段来挑衅中国军队和民众，这些挑衅行为对当时的局势产生了怎样的影响。

2. 教师可以向学生展示九一八事件的相关图片或影视资料，并让学生谈谈观看后的感想。

评析

学习九一八事件的经过对于学生来说意义重大，它不仅让学生更加深刻地认识到侵略战争的残忍和不义，更能够激发学生的爱国情感和民族自尊心；它不仅可以培养学生的社会责任感和使命感，还为我们提供了宝贵的启示和思考。相信只要学生不断努力学习和探索，就一定能够为中华民族的繁荣富强贡献自己的力量。

扩 展 习 题

1. 在九一八事变中，日军采取了哪个手段来直接挑衅中国军队和民众？（　　　）

　　A. 军事威胁　　　　B. 文化渗透　　　　C. 经济打压　　　　D. 政治阴谋

2. 九一八事变后，张学良施行的政策是（　　　）。

　　A. 积极抗战　　　　B. 坐视不管　　　　C. 不抵抗政策　　　　D. 消极投降

3. 九一八事变中，日本炸毁的铁路位于（　　　）。

　　A. 长春　　　　　　B. 哈尔滨　　　　　C. 沈阳　　　　　　D. 北京

4. 东北沦陷后，日本在东北建立（　　　）。

　　A. 沈阳政府　　　　　　　　　　B. 伪满洲国傀儡政权

　　C. 伪州政权　　　　　　　　　　D. 满族政权

5. 九一八事变前，1928 年张学良的（　　　）事件致使北洋军阀在中国的统治历史宣告结束。国民党政府形式上"统一"全国。

　　A. 改旗易帜　　　　B. 七七事变　　　　C. 皖南事变　　　　D. 皇姑屯事件

　　答案：A　C　C　B　A

互 动 交 流 3　　九一八事变的意义

在一个安静的夜晚，父亲坐在儿子的床边，开始给他讲述一个关于勇气和坚韧的故事，一个关于九一八事变的故事。

父亲说："儿子，你知道九一八事变吗？那是 1931 年的一天，日本帝国主义突然袭击了我国的东北，导致那片富饶的土地沦陷。当时的中国，经济、政治和文化都比日本落后很多，但面对强大的敌人，我们的人民没有退缩。"

儿子好奇地问："爸爸，那时候的人们是怎么做的呢？"

父亲轻轻地笑了笑，说："他们选择了奋起抵抗。无数的英勇战士，包括许多普通的农民、工人和学生，都拿起武器，用自己的血肉之躯筑起了一道钢铁长城。他们不怕牺牲，只为了保卫家园和民族尊严。"

儿子瞪大了眼睛，说："他们真的很勇敢！"

父亲点了点头，继续说："是的，他们的英勇行为不仅激发了全国人民的爱国情感，还推动了抗日救亡运动的高潮到来。这场战争，虽然给我们带来了巨大的痛苦和损失，但它也唤醒了整个民族的觉醒和团结。"

儿子若有所思地问："那这场战争有什么意义呢？"

父亲深吸了一口气，说："九一八事变的意义非常深远。首先，它促进了我们民族的觉醒和团结。在这场战争中，各族人民都意识到了只有团结一致，才能战胜敌人。他们纷纷加入抗日的行列中，形成了广泛的抗日统一战线。这种团结精神，是我们战胜困难、取得胜利的重要法宝。"

儿子点了点头，说："我明白了，团结就是力量。"

父亲微笑着摸了摸儿子的头，继续说："除此之外，九一八事变还揭开了第二次世界大战东方战场的序幕。这场战争不仅改变了世界的格局和发展方向，也给我们敲响了警钟，提醒我们时刻警惕战争带来的危害和破坏。"

儿子皱起了眉头，说："爸爸，我们不会再经历这样的战争了吧？"

父亲凝视着儿子的眼睛，说："我们要时刻铭记历史教训，努力避免重蹈覆辙。我们要珍惜和平、维护和平，同时也要加强自身的实力，让我们的祖国更加强大。"

儿子点了点头，坚定地说："我会记住这段历史的，也会为祖国的繁荣富强贡献自己的力量！"

父亲满意地笑了笑，说："好儿子，我相信你能做到。让我们一起弘扬伟大的抗战精神，为实现中华民族伟大复兴而努力奋斗吧！"

父子俩紧紧地握了握手，心中充满了对未来的信心和希望。他们知道，无论时代如何变迁，那段历史都将永远铭刻在人类文明进步的光辉史册之中。

1. 请学生提前收集九一八事变中的英雄人物的故事，在讲台上与其他人分享他们的事迹，并谈谈感受。
2. 请学生结合相关资料，说一说九一八事变和民族觉醒有怎样的联系。

评析

通过学习九一八事变的意义，学生能够更好地了解过去、汲取其中的经验和教训，从而更好地面向未来。学习九一八事变的意义有助于学生深入了解中华民族的苦难历程和坚韧不拔的精神风貌，有助于培养学生的爱国情感和民族自尊心，还有助于学生更好地认识世界局势和发展方向。这场战争是人类历史上最为残酷的战役之一，它改变了世界的格局和发展方向。同时，它也具有重要的警示意义，提醒人们要时刻保持高度警惕、增强忧患意识、坚决反对霸权主义和单边制裁、坚定维护多边主义和国际秩序。

扩展习题

1. 关于九一八事变的意义，以下哪个说法不正确？（　　　）

    A. 它推动了抗日救亡运动高潮的到来

    B. 它揭开了第二次世界大战东方战场的序幕

    C. 它与世界反法西斯战争无关

    D. 它促进了抗日民族统一战线的形成

2. 关于九一八事变，以下哪个说法是错误的？（　　　）

　　A. 它揭开了第二次世界大战东方战场的序幕

　　B. 它促进了中华民族的觉醒和团结

　　C. 它是中国人民局部抗战的起点

　　D. 它发生在我国的西南地区

3. 以下哪一项不是九一八事变带来的后果？（　　　）

　　A. 中国社会性质没有发生变化

　　B. 东三省全面沦陷

　　C. 中国局部抗战开始

　　D. 拉开了世界反法西斯东方战场的序幕

4. 九一八事变的发生，使中国人民意识到（　　　）。

　　A. 中华民族到了最危险的时刻　　　　　B. 此次事件可以和平解决

　　C. 与广大人民群众无关　　　　　　　　D. 抗战不需要团结协作

5. 在九一八事变后，全国各界人士掀起了抗日浪潮，"一致奋起"反抗侵略者的行为表明中国人民的爱国热情空前高涨。下列选项中不正确的是（　　　）。

　　A. 加快了全民族统一战线的形成　　　　B. 促进了民族觉醒

　　C. 中华民族能够团结一致对外　　　　　D. 中国人民无法面对侵略

答案：C　D　A　A　D

互动交流4　九一八事变的纪念活动

　　在一个阳光明媚的下午，学校的操场上，学生们正在进行课外活动。突然，一阵警报声响起，所有的学生都停下了手中的活动，整齐地站成了一排。

　　原来这天是九月十八日，每当九一八事变纪念日到来时，全国范围内都会响起防空警报的声音，来提醒人们铭记历史，不忘国耻。

　　警报声结束后，一位穿戴整洁的老师走到了操场中央。她姓李，是学校的历史老师，也是学生们最喜欢的老师之一。

　　李老师看着学生们严肃而认真的面孔，深深地吸了一口气，开始讲述那段沉重的历史。

　　"同学们，你们知道九一八事变吗？"李老师问道。

　　学生们齐声回答："知道！"

　　李老师点了点头，继续说道："九一八事变是日本侵略我们中国东北的事件。在那一天，我们的同胞遭受了巨大的痛苦和损失。正是那段历史，让我们更加深刻地认识到了爱国主义和民族精神的重要性。"

　　一个男同学举手问道："老师，我们为什么要纪念九一八事变呢？"

李老师微笑着看着他，回答道："纪念九一八事变，是为了让我们永远记住那段历史，不忘国耻。同时，也是为了缅怀那些为了保卫祖国而英勇牺牲的先烈们。他们用自己的生命换来了我们今天的和平与安宁，我们应该永远铭记他们的功绩。"

听到这里，学生们都默默地低下了头，心中充满了敬意和感激。

李老师继续说道："同学们，我们应该珍惜和平，努力学习，为祖国的繁荣富强贡献自己的力量。只有这样，我们才能真正地继承先烈的遗志，弘扬爱国主义和民族精神。"

这时，一个女同学站了出来，她眼中闪烁着坚定的光芒："老师，我明白了！我们要牢记历史，不忘国耻，缅怀先烈，继承遗志，弘扬爱国主义和民族精神，珍爱和平，奋发图强！"

听到女同学的话，其他学生也纷纷表态，他们要用自己的行动来践行民族复兴的价值观。

李老师看着学生们充满热情的面孔，心中充满了欣慰和骄傲。她知道，这些孩子将会成为未来祖国的栋梁之才，他们会继续传承和弘扬爱国主义和民族精神，为祖国的繁荣富强贡献自己的力量。

在接下来的日子里，李老师带领着学生们开展了一系列纪念九一八事变的活动。他们参观了历史博物馆，了解了更多关于九一八事变的历史背景和细节；他们还组织了演讲比赛和征文活动，学生们纷纷用自己的语言表达对历史和先烈的敬意和感激之情。

通过这些活动，学生们更加深刻地认识到了九一八事变的重要性，也更加坚定了他们铭记历史、不忘国耻、缅怀先烈、继承遗志、弘扬爱国主义和民族精神的决心。

1. 请学生以小组讨论的形式，说一说自己在九一八这天会以什么样的方式来缅怀先烈，铭记历史。
2. 请学生讲一讲，如何将在九一八事变中学习到的精神应用到我们的日常生活中，并举几个具体的例子。
3. 请学生研究一个或多个先烈的故事，制作关于他们的海报或展板，展示在学校或班级的公共区域。

评析

历史是一面镜子，可以让人们更好地认识过去，从中吸取教训，引以为戒。九一八事变后，中国人民奋起反抗，最终取得了胜利。这告诉人们，只有不断努力、自强不息，才能赢得尊重和地位。在九一八事变中，有无数的先烈为了国家和人民付出了生命的代价。他们用自己的行动诠释着爱国主义和民族精神，他们的英勇事迹将永远铭刻在人们心中。纪念九一八有助于弘扬爱国主义和民族精神，它们是我们的灵魂和精神支柱，是我们前进的动力源泉。

扩展习题

1. 九一八事变发生在（　　　）。
   A. 1933 年　　　　　B. 1931 年　　　　　C. 1937 年　　　　　D. 1940 年

2. 九一八事变后，我们国家的反应是什么？（　　　）
   A. 毫无反抗，接受了侵略
   B. 向其他国家求助，没有自己抵抗
   C. 奋起反抗，最终取得了胜利
   D. 放弃了一部分领土，以求和平

3. 下列哪一项不是九一八事变后我们应该做的事情？（　　　）
   A. 牢记历史，不忘国耻　　　　　B. 缅怀先烈，继承遗志
   C. 坚定努力学习的信念　　　　　D. 放弃学习，活在过去

4. 在和平时期，我们应该如何表达对九一八事变的纪念？（　　　）
   A. 忘记过去，只看现在和未来
   B. 认真学习历史，牢记教训，不忘先辈
   C. 不再提及这段历史
   D. 不关心这段历史，因为它与如今无关

5. 在日常生活中，如何做才能体现爱国主义和民族精神？（　　　）
   A. 努力学习，关心国家大事　　　　　B. 不听父母的话
   C. 不学习历史　　　　　D. 对待学习态度不认真

   答案：B　C　D　B　A

互动交流 5　九一八事变的启示

当清晨的阳光透过教室的窗户时，周老师站在讲台上，神情格外庄重。他深知，自己要讲述的九一八事变，不仅仅是一段历史，更承载着深厚的民族精神。

小宁坐在教室的第一排，他的目光紧紧锁定在周老师的脸上。他知道，这段历史不仅仅是书本上的文字，更是中国人用血和泪换来的教训。九一八事变的发生，标志着中国进入了长达十四年的抗日战争，无数的同胞在那场战争中献出了自己宝贵的生命。

周老师的声音低沉而有力，他说："在那场事变中，中国人民展现出了惊人的坚韧和不屈不挠的精神。他们没有被敌人的暴力所吓倒，而是选择了自立自强，用智慧和勇气与敌人抗争到底。"小宁听后心中涌起一股强烈的情感，他知道，这种自立自强的精神，正是中华民族得以生生不息的源泉。

周老师继续说道："同学们，我们身处和平年代，享受着国家发展带来的红利。但

我们不能忘记，这一切都是建立在先烈们用鲜血和生命捍卫国家主权和领土完整的基础上的。我们要珍惜这来之不易的和平，更要时刻准备着，为保卫祖国的安全和尊严贡献自己的力量。"

小宁听到这里，心中充满了敬意和感激。她想起那些为了国家独立和人民幸福而英勇斗争的先烈，他们用自己的生命捍卫了国家的尊严和领土完整。小宁暗下决心，一定要努力学习，增长本领，将来为国家的建设和发展贡献自己的一分力量。

课堂的气氛变得庄重而肃穆，同学们都被周老师的话语所感染。他们深知，作为新时代的少年，他们肩负着传承和发扬中华民族优秀传统的重任。他们要用自己的实际行动，践行自立自强的精神，坚决捍卫国家主权和领土完整。

周老师看着同学们认真听讲的样子，心中感到无比欣慰。他知道，这些孩子是未来国家的栋梁之才，他们将会用自己的智慧和力量，书写新的历史篇章。他相信，在他们的努力下，中华民族一定能够迎来更加辉煌的未来。

在未来的日子里，这些少年们将会用自己的行动践行自立自强的精神。无论是在学习上还是生活中，他们都会努力提升自己的能力和素质，为国家的繁荣和民族的复兴贡献自己的力量。他们相信，只要他们齐心协力，中华民族的明天一定会更加美好。

1. 请学生结合相关资料，说一说为什么自立自强是一个国家的根本。
2. 请学生写一篇有关九一八事变的作文，从自己的角度出发，思考这段历史对他们现在和未来生活的影响。
3. 请学生用画笔描绘他们对九一八事变的理解或感受，可以是描绘历史事件、表达情感、具有象征意义的画作等。

评析

九一八事变给我们带来了几点启示。首先，应该牢记历史教训，时刻保持警惕，坚决反对任何形式的侵略和分裂行为。在当今世界，和平与发展仍是时代主题，但国际形势复杂多变，战争冲突时有发生。其次，要自立自强，提高自己的素质和能力。只有通过不断学习和实践，才能不断提高自己的能力和水平，为国家和民族的发展作出贡献。最后，还要牢记历史、不忘初心、继续前进。要深刻认识到历史是前进的动力和基础，只有铭记历史、吸取教训、总结经验，才能在未来的道路上更加稳健地前行。总之，九一八事变带来的启示是多方面的，学生应该认真学习、领会并将其转化为实际行动。

扩展习题

1. 九一八事变告诉我们，团结合作是战胜困难的关键之一。以下哪个选项符合这

一观点？（　　　）

    A. 要减少国际交流与合作，单打独斗

    B. 要努力营造争强好胜的社会环境

    C. 要注重培养团队合作精神，形成合力攻坚克难的良好氛围

    D. 拒绝和各民族人民共同合作

2. 以下选项中，哪一项不是在九一八事变后，中国人民表现出的精神品质？（　　　）

    A. 爱国爱家、不畏生死　　　　　　B. 不思进取、安于现状

    C. 团结一心、共同抵抗外敌　　　　D. 英勇无畏、不屈不挠

3. 在当今时代，我们应该怎样纪念九一八事变？（　　　）

    A. 举办文艺演出等活动来欢乐地庆祝九一八

    B. 无视九一八

    C. 开展爱国主义教育活动，弘扬爱国情怀

    D. 认为过去的事情与如今无关

4. 在学习和生活中，以下哪一项不利于传承和发扬爱国主义精神？（　　　）

    A. 过分追求个人成长和发展，忽视国家的利益和荣誉

    B. 通过学习历史和文化知识来了解祖国的历史和文化传统

    C. 通过参加志愿服务活动和社会实践来培养爱国情怀和实践能力

    D. 通过关注国家大事和时事新闻来增强爱国意识和责任感

5. 在九一八事变中，我们国家面临哪些困难和挑战？（　　　）

    A. 国际外交状况良好　　　　　　　B. 依旧处于封建社会

    C. 经济情况良好，民众富裕　　　　D. 敌军入侵、国家分裂、经济落后

答案：C B C A D

第十六章　喜迎国庆，共话祖国辉煌

中华人民共和国国庆节，一个属于我们伟大祖国的节日，是我们共同庆祝祖国母亲生日的日子。它不仅是一个节日，更是我们心中那份对祖国的热爱和敬仰的象征。我们的祖国，她有着悠久的历史、灿烂的文化、广袤的土地和勤劳智慧的人民。正是因为有了这些，我们的祖国才能日益强大，屹立于世界之林。今天，让我们一起来感受国庆的氛围，表达对祖国的热爱吧。

在国庆节这个特殊的时刻，我们不仅要为祖国的繁荣昌盛感到自豪，更要铭记那些为祖国的独立和进步付出过巨大努力的爱国者们。他们有着坚定的信念，无私奉献，成为我们学习的榜样。他们的名言，更是流传千古，激励着一代又一代的中国人。以下是一些爱国人士的名人名言，请同学们仔细阅读，感受他们深沉的爱国情感和对祖国的无限热爱。

1. "国家是大家的，爱国是每个人的本分。"——陶行知
2. "爱国之心，实为一国之命脉。"——蔡元培
3. "白眼观天下，丹心报国家。"——宋教仁
4. "爱国不是口号，而是神圣天职。"——何厚铧
5. "风声雨声读书声声声入耳，国事家事天下事事事关心。"——顾宪成
6. "我死国生，我死犹荣，身虽死精神长生，成功成仁，实现大同。"——赵博生
7. "锦绣河山收拾好，万民尽作主人翁。"——朱德
8. "一身报国有万死，双鬓向人无再青。"——陆游
9. "为中华之崛起而读书。"——周恩来

互动交流 1　国庆节的由来

1949 年的秋天，北京的天空呈现出一种前所未有的清澈与明亮。阳光透过湛蓝的天空，洒落在天安门广场上，将每一寸土地都照得金黄。天安门城楼在阳光的映照下，

显得更加庄严而神圣。这一天，是中华人民共和国中央人民政府成立典礼，即开国大典的举行之日。

人们从四面八方涌向天安门广场，他们或步行，或骑行，或乘坐各式各样的交通工具。他们的脸上洋溢着喜悦的笑容，心中充满了对未来的期待。他们知道，今天将是一个永载史册的日子，一个崭新的共和国将在这里诞生，一个属于亿万人民的新纪元将在这里开启。

当毛泽东主席站在天安门城楼上，用他那铿锵有力的声音宣布"中华人民共和国成立了"时，整个广场仿佛都被这股巨大的喜悦所震撼。人们挥舞着手中的小红旗，高声欢呼，他们高唱着《义勇军进行曲》，歌声响彻云霄，表达着内心的激动和自豪。

开国大典结束后，传来一个消息：中国人民政治协商会议第一届全国委员会即将召开第一次会议，会上讨论了是否将 10 月 1 日定为中华人民共和国的国庆日。

这个消息立刻引起了人们的广泛关注。人们纷纷表示，这是一个非常有意义的提议。10 月 1 日不仅是中华人民共和国诞生的日子，更是全国人民共同庆祝的日子。这个日子象征着中国人民从此站起来了，成为自己国家的主人。

10 月 9 日，中国人民政治协商会议第一届全国委员会第一次会议正式在北京隆重召开。会议现场庄严肃穆，气氛热烈。代表们来自各行各业，他们带着人民的期望和嘱托，纷纷发言，表达自己对设立国庆日的看法和建议。

经过激烈的讨论和深入的思考，会议最终通过了《请政府明定十月一日为中华人民共和国国庆日，以代替十月十日的旧国庆日》的建议案。这个决定让在场的每一个人都感到无比激动和自豪。他们知道，这个决定不仅代表了人民的意愿，也代表了中华人民共和国的发展方向和未来。

随后，这个建议被送往中央人民政府进行采择施行。中央人民政府高度重视这个建议，经过一段时间的审议和讨论，最终作出了决定：自 1950 年起，每年的 10 月 1 日定为中华人民共和国的国庆日。

这个消息一经宣布，立刻在全国范围内传开。人们欢呼雀跃，纷纷表示要庆祝这个特殊的日子。各地开始筹备庆祝活动，人们用各种方式来表达对新中国的热爱和祝福。在城市里，高楼大厦上挂起了鲜艳的五星红旗；在农村里，村民们敲锣打鼓，载歌载舞。整个国家都沉浸在一片欢乐与祥和的氛围中。

从 1950 年起，每年的 10 月 1 日成为中国各族人民隆重欢庆的节日。人们通过观看烟花、唱国歌等方式来庆祝这个特殊的日子。学校里也会举行各种庆祝活动，如升国旗、演讲比赛、文艺表演等，让学生们更加深入地了解国庆日的来历和意义。

随着时间的推移，国庆节的庆祝方式和意义不断深化。人们不仅仅是为了庆祝中华人民共和国的诞生，更是为了表达对国家繁荣富强、民族团结的自豪和祝福。国庆节成为中国人民展示团结、奋进、创新精神的重要舞台，也成为世界了解中国、认识中国的重要窗口。

1. 请学生采用小组讨论的形式，讲一讲为什么 10 月 1 日会被定为国庆节。

2. 请学生讲一讲国庆节的由来。

3. 请学生制作一本简单的故事书，讲述国庆节的由来和发展。他们可以通过绘画和添加简短文字来描述这个过程，以此帮助他们更好地理解和记忆国庆节的历史。

评析

通过学习国庆节的由来，学生不仅能够了解国庆节的历史背景和庆祝方式，更能体会到国家独立和民族解放的艰辛历程。国庆节是国家的重要象征，它提醒人们要珍惜现在的幸福生活，同时有助于激发学生的爱国情感。学习国庆节的由来和发展，可以激励学生努力学习，为国家的繁荣富强贡献自己的力量。

扩展习题

1. 中国的国庆节是为了纪念什么而设立的？（　　　）
   A. 中华人民共和国的成立　　　　B. 中国共产党的成立
   C. 抗日战争的胜利　　　　　　　D. 中国进入现代化

2. 中国的国庆节是哪一天？（　　　）
   A. 9 月 10 日　　　B. 10 月 1 日　　　C. 10 月 10 日　　　D. 8 月 1 日

3. 中华人民共和国成立后，第一个国庆节是什么时候？（　　　）
   A. 1949 年 10 月 1 日　　　　　B. 1951 年 10 月 1 日
   C. 1950 年 10 月 1 日　　　　　D. 1948 年 10 月 1 日

4. 中华人民共和国成立于（　　　）。
   A. 1950 年　　　B. 1949 年　　　C. 1945 年　　　D. 1999 年

5. 国庆节是中国的哪一种重要节日？（　　　）
   A. 传统民俗节日　　　　　　　B. 宗教节日
   C. 文化交流节日　　　　　　　D. 现代纪念节日
   答案：A　B　C　B　D

互动交流 2　庆祝国庆节的方式

金秋十月，阳光明媚，万里无云。学生们怀着激动与期待的心情，迎来了一年一度的国庆节。这一天，学校为他们准备了一场精彩纷呈的庆祝活动，包括升旗仪式、方阵队列仪式、文艺会演，让学生们深入体验国庆节的庆祝氛围。

早上八点整，学校的操场上整齐地排列着各班级的队伍。随着激昂的国歌声响起，升旗仪式正式开始。同学们肃立致敬，看着鲜艳的五星红旗冉冉升起。那一刻，每个人的心中都充满了对祖国的热爱与敬意。

升旗仪式结束后，方阵队列仪式拉开帷幕。同学们身着统一的服装，手持鲜花和国旗，迈着整齐的步伐走过操场。他们精神抖擞，气势如虹，展现出了新时代少年的风采。接着，学校的乐团奏响了激昂的乐曲，为方阵队列增添了浓厚的节日氛围。

方阵队列仪式过后，文艺会演开始了。舞台上，同学们化身小演员，为观众带来了精彩纷呈的表演。舞蹈、歌曲、朗诵等节目轮番上演，展现了同学们的多才多艺。特别是小明和小红的朗诵节目，他们用深情的语调、真挚的情感，诵读着对祖国的热爱与祝福，赢得了在场观众的阵阵掌声。

文艺会演结束后，同学们仍然沉浸在欢乐的氛围中。他们互相交流着对国庆节的感受和祝福，分享着彼此的快乐和喜悦。小明兴奋地对小红说："今天的庆祝活动真是太精彩了！我感受到了祖国的强大和繁荣，也感受到了我们同学之间的团结和友爱。"小红也感慨地说："是啊，我觉得我们真的很幸运，能够生活在这个美好的祖国里。我们应该珍惜这份幸福，努力学习，为祖国的未来贡献自己的力量。"

这场国庆节庆祝活动，不仅让同学们感受到了节日的氛围和祖国的强大，也让他们更加坚定了对祖国的热爱和信仰。他们深知，作为新时代的青少年，他们肩负着祖国的未来和希望。他们会用自己的努力和奋斗，为祖国的繁荣富强贡献自己的力量。

1. 教师播放有关国庆节庆祝的现场视频，可以是阅兵仪式或升旗仪式等。请学生讲一讲自己最喜欢哪一种庆祝方式，为什么。
2. 教师可以布置课后作业，让学生绘制一幅有关庆祝国庆节的绘画作品，可以是阅兵或升旗等场景。

评析

国庆节不仅仅是一个节日，它更是一个象征，象征着国家的独立、繁荣和强大。在这个特殊的日子里，中国人民通过各种庆祝活动，表达对祖国的热爱和敬意。学习国庆节的庆祝方式，可以让学生更加了解祖国的历史和文化，培养学生的民族自豪感和归属感。同时，这些庆祝活动也可以让学生更加珍惜和平稳定的生活，学会感恩和珍惜现在的一切。所以，了解国庆节的庆祝方式不仅是一个学习过程，更是一次心灵之旅，能够让学生更加热爱自己的祖国，为祖国的明天而努力学习。

扩展习题

1. 在国庆节庆祝活动中，以下哪一项可以最直接地表达对祖国的热爱和敬意？（　　）
A. 吃美食　　　　　　　　　B. 玩游戏

C. 举行升旗仪式   D. 购物

2. 在国庆节期间，以下哪种活动能够展示国家的军事实力？（   ）

    A. 烟花表演   B.阅兵仪式   C.文艺会演   D.歌唱比赛

3. 国庆节文艺会演中，同学们通过哪些形式展现了他们的多才多艺和对祖国的祝福？（   ）

    A. 跳舞   B. 唱歌   C. 朗诵   D. 以上都是

4. 在国庆节期间，哪种活动可以让我们更好地了解祖国的历史和文化？（   ）

    A. 打电子游戏   B. 参加爱国讲座

    C. 睡觉   D. 观看动画片

5. 以下哪一项不是国庆节会出现的庆祝活动？（   ）

    A. 阅兵仪式   B. 升旗仪式   C. 赛龙舟   D. 文艺会演

答案：C B D B C

互动交流 3   庆祝国庆节的意义

在一个阳光灿烂的秋天，张舟和他的小伙伴们兴奋地等待着国庆节的到来。对他们来说，国庆节不仅仅意味着可以放长假，更意味着可以参与丰富多彩的庆祝活动，感受国家的繁荣和强大。

为了庆祝国庆节，张舟的学校举办了一场特别的主题活动。班主任老师告诉同学们："国庆节是我们伟大祖国的生日，这一天，我们要通过庆祝活动来增强我们的国家认同感，培养我们的爱国精神，传承历史文化，促进团结和谐。"

张舟听后，心里充满了好奇和期待。他想："什么是国家认同感呢？我又是怎样通过庆祝活动来培养爱国精神的呢？"

活动上，老师向同学们介绍了国庆节的历史和意义，并播放了关于祖国发展壮大的纪录片。看着屏幕上那些震撼人心的画面，听着老师深情的讲述，张舟和同学们的内心都充满了自豪和感动。

为了更好地庆祝国庆节，张舟和同学们决定组织一场特别的庆祝活动。他们分工合作，有的负责制作国庆主题的黑板报，有的负责排练爱国歌曲和舞蹈，还有的负责准备关于祖国历史和文化的知识竞赛。

国庆节前一天，学校操场上挂满了鲜艳的五星红旗，校园里弥漫着欢乐和喜庆的氛围。张舟和同学们穿着整洁的校服，戴着鲜艳的红领巾，整齐地站在操场上，准备参加庆祝活动。

庆祝活动开始了。首先是庄严的升旗仪式。当五星红旗冉冉升起时，张舟和同学们齐声唱起了国歌，他们的目光坚定而自豪，仿佛在说："我爱我的祖国！"

接着是精彩的文艺表演。同学们载歌载舞，用歌声和舞蹈表达着对祖国的热爱和祝福。张舟也参加了舞蹈表演，他和同学们一起跳着欢快的舞蹈，脸上洋溢着快乐的笑容。

然后是知识竞赛环节。同学们积极抢答关于祖国历史和文化的问题，展现了他们对祖国的了解和热爱。张舟也积极参与其中，他用自己的知识为班级赢得了荣誉。

庆祝活动结束后，张舟和同学们都觉得收获满满。他们不仅更加了解了国庆节的意义和祖国的历史文化，还通过合作和表演增强了团结和友谊。

国庆节当天，张舟和家人一起观看了国庆节晚会的电视直播。看到祖国各地都在热烈庆祝国庆节，张舟感到无比自豪和幸福。他对妈妈说："妈妈，我觉得我很幸运，能够生活在这样一个伟大而繁荣的国家里。我要好好学习，将来为祖国的发展贡献自己的力量。"

妈妈听后，忍不住抱住了张舟，说道："儿子，你长大了。开始有了国家认同感，也懂得了什么是爱国精神。我为你感到骄傲！"

从此以后，张舟更加珍惜每一个国庆节，他会用自己的方式去庆祝和纪念这个特殊的日子。他也影响和带动了身边的小伙伴们，让他们也一起加入到爱国主义的行列中来。在他们的共同努力下，他们的班级、他们的学校、他们的社区都变得更加团结和谐，充满了爱国主义的气息。

1. 教师可以让学生上台讲一讲，历史上都有哪些爱国人物，他们又有怎样的故事。
2. 请学生在小组内讨论，说一说什么是团结，团结和谐对于一个班级、一个学校、一个国家有什么样的意义。
3. 请学生收集关于祖国发展的资料，如科技成就、重大事件、文化里程碑等，并制作成一个展板，展示给全班同学。

评析

国庆节对学生来说，不仅是一个快乐的节日，更是一个充满教育意义的日子。通过学习和了解国庆节，学生能够更加明白自己是中国人，与其他中国人一样有着共同的国家认同感和强烈的爱国之情。这个节日能够让学生知道要热爱祖国，尊重历史，传承文化，还要学会与同学们团结一心、和谐相处。国庆节能让学生更加珍惜祖国的繁荣与强大，也激励学生要努力学习，为祖国的明天贡献自己的力量。

扩展习题

1. 国庆节期间，参加学校组织的庆祝活动对同学们来说有什么重要意义？（　　　）
　　A. 只是为了放假玩耍　　　　　　B. 增强国家认同感和爱国精神
　　C. 完成老师布置的任务　　　　　D. 展示个人才艺

2. 在学校，怎样做能促进团结和谐？（　　　）

    A. 帮助有困难的同学　　　　　　　　B. 欺负比自己小的同学

    C. 随便给同学起外号　　　　　　　　D. 带头孤立其他同学

3. 在学校里，应该如何传承历史文化？（　　　）

    A. 不学历史，只学数学　　　　　　　B. 和同学们一起参加历史文化活动

    C. 不听老师讲历史故事　　　　　　　D. 忽视传统节日

4. 国庆节期间，班级同学们合作完成了一个国庆节主题的展板，这体现了什么精神？（　　　）

    A. 个人主义　　　　　B. 竞争精神　　　　　C. 享乐主义　　　　　D. 团结精神

5. 我国的国歌是（　　　）。

    A.《东方红》　　　　B.《歌唱祖国》　　　C.《茉莉花》　　　D.《义勇军进行曲》

答案：B　A　B　D　D

互动交流 4　与国庆节有关的故事

    1949 年的夏天，北平城里弥漫着一种不同寻常的气氛。中华人民共和国即将成立，人们心中充满了期待和激动。筹备中国人民政治协商会议的工作紧张而有序地进行着。在这个历史性的时刻，陈嘉庚作为一位杰出的爱国华侨领袖，被邀请参与中华人民共和国的国旗、国徽及国歌的设计工作。

    陈嘉庚与马叙伦、叶剑英、沈雁冰等各界代表一起，组成了第六小组，负责拟定国旗、国徽及国歌的方案。他们深知，这些象征国家尊严和精神的标志，必须体现中华人民共和国的特点和价值观。

    经过多次讨论和修改，他们提出了多个方案。然而，在距离开国大典仅剩五天的时候，国旗的方案仍然悬而未决。毛泽东主席决定召开最后一次国旗定稿会议，希望能在这最后的时刻，找到最合适的方案。

    陈嘉庚怀着紧张而激动的心情参加了会议。当毛主席指着"五星红旗"图案说，这个图案表现了人民大团结，现在就是要大团结，将来也要大团结，因此他赞成这幅五星红旗的图案时，陈嘉庚的心中立刻涌起了一股强烈的共鸣。

    他深知，这面旗帜不仅仅是一面旗帜，它更是亿万中国人民团结一心、共同奋斗的象征。陈嘉庚毫不犹豫地表示了同意，并与其他代表一起，为五星红旗方案投下了赞成票。

    随着大会的通过，中华人民共和国的国旗方案终于尘埃落定。五星红旗，这面由红色背景和五颗金色星星组成的旗帜，成为中华人民共和国的象征。

    10 月 1 日下午，陈嘉庚登上了天安门城楼，参加了隆重的开国大典。当毛主席亲自按动电钮，中华人民共和国第一面五星红旗冉冉升起，飘荡在天安门广场上空时，

陈嘉庚的眼中闪烁着激动的泪花。

他看着这面旗帜，心中充满了自豪和感慨。这不仅仅是一面旗帜，它更是亿万中国人民共同奋斗、共同创造的成果。它代表了中国人民的尊严和骄傲，也代表了中华人民共和国未来的希望和梦想。

陈嘉庚深知，自己能够参与这面旗帜的诞生，是一种莫大的荣幸和责任。他将这份荣幸和责任化作动力，继续为中华人民共和国的发展和繁荣贡献自己的力量。

从此以后，每当五星红旗在中华人民共和国的天空中飘扬时，陈嘉庚都会感到一种莫名的激动和自豪。他知道，这面旗帜将永远伴随着中华人民共和国的成长和发展，成为亿万中国人民共同的骄傲和信仰。

1. 请学生分组讨论，五星红旗的图案有什么象征意义，然后每组选出一个代表来向全班汇报。
2. 在国庆节庆祝盛况的背后，也有着无数普通人的努力，如环卫工人、活动志愿者、参加阅兵的士兵等。教师可以为学生播放国庆节背后故事的相关影音资料，请学生说一说观看后的感想。
3. 请学生讲一讲，除了在国庆节期间可以感受到浓浓的爱国氛围，日常生活中有哪些事情或场景也同样能让人体会到爱国精神。

评析

学习与国庆有关的爱国故事不仅能帮助学生更好地了解国庆节，还能激发他们的爱国情怀和民族自豪感。通过学习这些故事，学生可以认识到祖国的伟大和民族的团结，明白爱国不仅仅是一种情感，更是一种责任和担当。这些故事还能激发学生的爱国热情，让学生从小就树立起为祖国的繁荣富强而努力的信念。因此，学习与国庆有关的爱国故事对学生来说，不仅是一种知识的积累，更是一种精神的熏陶和品格的塑造。

扩展习题

1. 国庆节期间，学校可能会组织什么活动？（　　　）
   A. 数学竞赛　　　　　　　　　　　B. 旅游活动
   C. 爱国故事分享会　　　　　　　　D. 田径运动会
2. 1949 年 10 月 1 日，中华人民共和国在北京（　　　）宣告成立。
   A. 故宫　　　　　B. 天安门广场　　　C. 长城　　　　　D. 颐和园
3. 国庆节的时候，我们应该如何表达对祖国的热爱？（　　　）
   A. 不做作业，尽情玩耍
   B. 说一些不礼貌的话

C. 在升旗仪式上向国旗敬礼，唱国歌

D. 不关心国家大事

4. 在国庆节期间，我们可以通过哪些方式来传承和弘扬爱国精神？（　　　）

A. 忽视历史，只关注个人娱乐

B. 在社交媒体上发表负面言论

C. 参与学校组织的爱国教育活动，如参观历史博物馆、观看爱国电影

D. 拒绝参与任何集体活动，独自在家

5. 国庆节期间，学校组织观看爱国电影时我们应该怎样做？（　　　）

A. 睡觉或玩手机　　　　　　　　　B. 大声喧哗

C. 认真观看，学习爱国精神　　　　D. 提前离场

答案：C　B　C　C　C

第十七章 重阳佳节，共筑和谐家园

今天，我们欢聚一堂，共同庆祝一个富有文化内涵的节日——重阳节。你们知道吗，重阳节是我们中华民族非常重要的传统节日之一，它有着悠久的历史和丰富的习俗。这个节日，就像一颗璀璨的明珠，镶嵌在中华民族丰富多彩的文化长河中。

在古代，诗人们常常用优美的文字来描绘重阳节的景象，抒发他们对这个节日的热爱和感慨。以下就是一些有关于重阳节的诗句，请同学们一起来欣赏这些经典诗句，一边阅读，一边感受其中的意境和情感吧。

1. "重阳独酌杯中酒，抱病起登江上台。"——唐·杜甫《九日五首·其一》

2. "独在异乡为异客，每逢佳节倍思亲。"——唐·王维《九月九日忆山东兄弟》

3. "江涵秋影雁初飞，与客携壶上翠微。"——唐·杜牧《九日齐山登高》

4. "又是过重阳，台榭登临处，茱萸香坠。"——五代·李煜《谢新恩·冉冉秋光留不住》

5. "九月九日眺山川，归心归望积风烟。"——唐·卢照邻《九月九日登玄武山》

6. "重阳过后，西风渐紧，庭树叶纷纷。"——宋·晏殊《少年游·重阳过后》

7. "待到重阳日，还来就菊花。"——唐·孟浩然《过故人庄》

8. "九月九日望乡台，他席他乡送客杯。"——唐·王勃《蜀中九日》

9. "朔方三度重阳节，河曲干旌岁岁忙。"——明·齐之鸾《九日登清水营城》

互动交流 1 重阳节的传说

东汉时期的汝河岸边，有一个宁静而祥和的村落。村子里的人们以农耕为生，过着简单而充实的生活。这里风景如画，青山绿水，鸟语花香，人们和睦相处，过着平静而幸福的生活。

然而，有一天，村子里突然来了一只凶猛的瘟魔。它每次出现，都会带来疾病和死亡，让村子陷入恐慌和绝望之中。人们无法抵抗这只瘟魔，只能眼睁睁地看着它肆虐，无助地等待死亡的降临。

在这个村子里，有一个名叫桓景的年轻人。他的父母因为瘟疫而离世，桓景自己也差点丧命。他亲眼目睹了瘟魔给村子带来的灾难，心里充满了愤怒和悲痛。他发誓要找到一种方法，赶走这只瘟魔，为乡亲们带来安宁。

于是，桓景毅然决定离开家乡，去寻找能够驱赶瘟魔的方法。他历经千辛万苦，跋山涉水，终于在一座深山里找到了一位法力无边的仙人。桓景向仙人诉说了自己的遭遇和决心，请求仙人教他如何驱赶瘟魔。仙人被桓景的决心和勇气所感动，于是收他为徒，教他如何修炼和使用剑法。

桓景在仙人的指导下，开始了艰苦的修炼。他不怕吃苦，日夜苦练，无论刮风下雨还是酷暑严寒，都坚持不懈地练习剑法。经过一段时间的努力，他终于练成了一身非凡的武艺。

仙人看到桓景如此努力，非常满意。他告诉桓景："明天是九月初九，瘟魔又要出来作恶了。你现在已经学成了本领，应该回去为民除害了。"说完，仙人送给桓景一包茱萸叶和一瓶菊花酒，并告诉他这些可以辟邪驱魔。然后，仙人让桓景骑着仙鹤回到了家乡。

回到家乡后，桓景按照仙人的嘱咐，在九月初九的早晨把乡亲们领到了附近的一座山上。他把茱萸叶分给大家，让大家戴在胸前，又把菊花酒分给大家喝。他告诉乡亲们，这些茱萸叶和菊花酒可以辟邪驱魔，保护他们免受瘟魔的侵害。

中午时分，瘟魔如期而至。它咆哮着冲向山下，想要继续为祸人间。然而，当它闻到茱萸的奇味和菊花酒的醇香时，突然变得害怕起来，不敢再前进。这时，桓景手持宝剑冲下山来，与瘟魔展开了激烈的搏斗。经过几个回合的战斗，桓景终于用宝剑刺死了瘟魔，为民除去了大害。

乡亲们看到桓景战胜了瘟魔，欢呼雀跃，纷纷感谢他的勇敢和智慧。他们为桓景举行了盛大的庆祝活动，赞扬他的英勇事迹。从此以后，每年的九月初九这一天，人们都会登高避邪驱魔，以纪念桓景的英勇事迹。他们还会佩戴茱萸、喝菊花酒，以祈求平安和健康。

这个习俗一直流传至今，成了我们民族文化的一部分。每年的九月初九，人们都会登高望远，欣赏美丽的秋景，感受大自然的魅力。同时，也会举行各种庆祝活动，如赏菊、喝菊花酒、吃重阳糕等，以祈求平安和幸福。

1. 请学生互相讨论，举手回答还知道哪些有关重阳节起源的故事，分享给其他人。
2. 请学生以小组为单位，进行创作，想一想如何给重阳节写一个宣传标语。
3. 教师可以组织学生进行简单的角色扮演，还原有关桓景除魔的故事，来加深学生对重阳节的认识。

评 析

通过学习重阳节的起源，学生可以了解到重阳节这个传统节日背后的深厚文化底蕴和历史渊源，增强对中华传统文化的认识和尊重；同时，学生可以更好地理解重阳节的各种习俗和活动产生的原因，从而更好地参与和体验这个节日。因此，学习重阳节的起源不仅是对历史的认识，更是对中华文化的深入了解。

扩展习题

1. 重阳节在每年农历的哪一天？（　　　）
   A. 九月初八　　　　　B. 十月初十　　　　　C. 九月初九　　　　　D. 十月初一
2. 重阳节为什么又被称为"双九节"？（　　　）
   A. 因为九月初九中有两个九　　　　　B. 因为九代表着团圆
   C. 因为九代表着吉祥　　　　　　　　D. 因为九是最大的数字
3. 在传说故事中，重阳节的起源和哪位人物有关？（　　　）
   A. 屈原　　　　　　　B. 桓景　　　　　　　C. 嫦娥　　　　　　　D. 孙悟空
4. 古人有在重阳节登高的习俗，因此重阳节又称（　　　）。
   A. 祈寿节　　　　　　B. 登高节　　　　　　C. 七夕节　　　　　　D. 祭天节
5. 重阳节习俗普及于（　　　）。
   A. 宋朝　　　　　　　B. 明朝　　　　　　　C. 汉朝　　　　　　　D. 清朝
答案：C A B B C

互动交流 2　重阳节的习俗

在一个古老的村庄里，住着一个名叫方克的小男孩。方克的爷爷是这个村庄里最有智慧的老人，他常常给方克讲述关于重阳节的故事和习俗。每当九月初九这天到来时，方克都会充满期待地等待爷爷带他去参与各种有趣的活动。

这一年的重阳节，方克早早地起床，和爷爷一起准备祭祖。他们在家中的神台前摆上了丰盛的祭品，有鸡、鱼、米、酒等，每样都代表着人们对祖先的敬意。方克和爷爷一起点燃香烛，虔诚地祭拜，祈求祖先保佑家人平安健康，风调雨顺。

祭祖仪式结束后，方克迫不及待地拉着爷爷的手，嚷嚷着要去登高。他们来到了村庄附近的一座小山，沿着蜿蜒的山路往上攀登。一路上，方克看到了美丽的秋景，树叶变成了金黄色、红色和橙色，像是大自然的调色板。他们边攀登边欣赏美景，爷爷还给方克讲述了许多山间的传说和故事。

终于，他们登上了山顶。方克兴奋地跑来跑去，感受着秋风的凉爽和山顶的壮丽景色。爷爷则坐在一块大石头上，欣赏着远处的田野和村庄，脸上洋溢着满足的微笑。他们一起品尝着带来的美食，感受着重阳节的温馨和喜悦。

下山后，方克和爷爷来到了村庄的花坛，那里种满了各式各样的菊花。菊花在秋风中摇曳生姿，散发出淡淡的香气。方克和爷爷一起欣赏着这些美丽的花朵，爷爷还告诉方克关于菊花品种和养护的知识，方克听得津津有味。

在回家的路上，方克看到许多村民都在家门口插茱萸。他好奇地问爷爷："为什么大家都要插茱萸呢？"爷爷笑着解释说："茱萸被认为可以保护家人平安。所以，在重阳节这一天，大家都会把茱萸插在门口，希望它能带来好运和祝福。"

方克听了爷爷的解释，觉得非常神奇。他也从路边采了一枝茱萸，小心翼翼地插在家门口。他相信，有了这枝茱萸，他的家人一定会更加平安幸福。

晚上，方克躺在床上，回想着今天发生的一切。他觉得重阳节真是一个充满传统文化和温馨氛围的节日。他感谢爷爷带他参与这些有意义的活动，让他更加了解和热爱自己的文化。

在这个美好的重阳节里，方克不仅度过了愉快的一天，还学到了许多关于传统文化和习俗的知识。他期待着明年的重阳节，能够再次和爷爷一起参与这些有趣的活动，感受更多的传统文化魅力。

1. 请学生结合相关资料，说一说为什么重阳节要祭祖，这背后有何含义。
2. 请同桌之间相互说一说，为什么重阳节要赏菊，菊花在秋天有什么特别之处。
3. 教师可以提前准备好包括重阳节习俗在内的多种节日习俗的图片，请学生上台进行辨认，回答正确的学生给予适当奖励。

评析

学习重阳节的习俗活动，对学生来说，是一次深入了解中国传统文化的宝贵机会。祭祖让学生学会尊敬和怀念先人，懂得感恩和传承家族文化的重要性。而登高则让学生亲近自然，锻炼身体，培养勇气和毅力。赏菊活动不仅让学生欣赏到了秋天的美丽，还培养了学生的审美能力和观察力。插茱萸则是一种传统，它让学生了解到古人的智慧和信仰。学习这些习俗活动不仅让学生感受到节日的氛围和快乐，还让学生更加珍惜和尊重传统文化。

扩展习题

1. 以下哪项是人们在重阳节会做的事情？（   ）
   A. 包粽子　　　　　B. 划龙舟　　　　　C. 登高　　　　　D. 挂灯笼
2. 通常，与重阳节有关的花卉是（   ）。
   A. 玫瑰　　　　　　B. 梅花　　　　　　C. 栀子花　　　　　D. 菊花
3. 在重阳节，人们插茱萸是为了（   ）。
   A. 祈求平安　　　B. 纪念先人　　　　C. 庆祝丰收　　　　D. 祈求姻缘
4. 近代，因重阳节在九月初九，含有长长久久、长寿尊贵的隐喻在内，所以也被赋予健康长寿的寓意，称为（　　　）。

　　A. 登高节　　　　　B. 茱萸节　　　　　C. 敬老节　　　　　D. 祭天节

5. 以下哪一项是重阳、七月半、清明等节日均会有的习俗活动？（　　　）

　　A. 登高　　　　　　B. 祭祖　　　　　　C. 吃饺子　　　　　D. 吃月饼

答案：C　D　A　C　B

互动交流 3　重阳节的饮食习俗

　　在一个阳光明媚的秋天，重阳节即将来临。方方兴奋地得知，这个节日有着丰富多彩的饮食习俗，包括香甜的重阳糕、色彩缤纷的九品羹、鲜美的螃蟹和清香的菊花酒。他决定和家人一起，亲手制作这些美食，感受重阳节的独特魅力。

　　重阳节前一天，方方和奶奶一起去市场购买食材。奶奶耐心地告诉他每一种食材的特点和挑选方法。他们选购了糯米粉、红枣、核桃等做重阳糕的材料，还买了新鲜的螃蟹和一些佐料。方方好奇地问奶奶："为什么要吃这些特定的食物呢？"奶奶笑着说："这些都是我们祖先留下来的传统，吃这些食物不仅是为了满足口腹之欲，更是为了传承和弘扬我们的文化。"

　　回到家后，奶奶开始忙碌起来，准备制作重阳糕。奶奶告诉他："重阳糕又称花糕、菊糕、五色糕。重阳节这天天亮时，以片糕搭儿女头额，口中念念有词，祝愿子女百事俱高，乃古人九月做糕的本意。讲究的重阳糕要做成九层，像座宝塔，上面还要做两只小羊，以符合重阳（羊）之义。有的人还会在重阳糕上插一小红纸旗（代替茱萸），并点蜡烛灯。这大概是用'点灯''吃糕'代替'登高'的意思。"方方听后也跃跃欲试，想要亲手参与制作。奶奶耐心地指导他，告诉他每一步的操作要点。他们一起将糯米粉和水混合搅拌均匀，然后加入红枣、核桃等配料。方方小心翼翼地将混合好的面糊放入蒸锅里，期待着重阳糕的出炉。

　　终于，重阳糕蒸好了。方方迫不及待地尝了一口，香甜软糯的口感让他陶醉其中。他感叹道："原来重阳糕这么好吃啊！"奶奶笑着说："是的，这是我们祖先留下来的美食，每一口都蕴含着浓浓的文化和情感。"

　　除了重阳糕，方方还和家人一起制作了九品羹。他们准备了九种不同的食材，包括鱼肉、虾仁、鸡肉、蔬菜等，每一种都寓意着吉祥和美好。在妈妈的指导下，方方学会了如何将这些食材巧妙地搭配在一起，烹饪出一道色香味俱全的佳肴。

　　晚上，爸爸特意为家人准备了一顿螃蟹大餐。他挑选了肥美的大螃蟹，用精湛的厨艺烹饪出了一道道令人垂涎欲滴的菜肴。方方和家人围坐在一起，品尝着鲜美的螃蟹肉，感受着家庭的温暖和幸福。

　　最后，爷爷拿出了一瓶珍藏已久的菊花酒，准备和大家一起分享。爷爷告诉方方，菊花酒又叫长寿酒，是重阳节的传统美酒。听完爷爷的讲述，方方对重阳节有了更深的了解。

　　整个重阳节，方方和家人一起品尝着各种美食，感受着传统文化的魅力。他们谈论着这些食物的寓意和背后的故事，让方方更加深入地了解了重阳节的习俗和意义。

1. 教师可以根据九月初九被称为重阳节、重阳节要吃九品羹，向学生提问，在中国文化里，"九"有着怎样的含义与象征。
2. 请学生说一说，我国各地区在重阳节有哪些不一样的习俗。
3. 请学生发挥创意，设计一款菊花酒的商标，包括名称、图案、颜色等元素，体现菊花酒的特点和重阳节的氛围。

评析

　　学习重阳节的饮食习俗，不仅能够帮助学生了解传统文化，还能培养学生的文化认同感和尊重传统的意识。通过了解重阳糕、九品羹等美食，学生可以感受到传统饮食文化的魅力，感受到祖辈们留下的智慧和创意。同时，这些习俗也蕴含着丰富的寓意和故事，如重阳糕象征登高避灾，菊花酒寓意长寿健康等，这些都让学生更加深入地理解传统节日的文化内涵。通过学习，学生们还能够学会感恩和分享，与家人一起分享美食的喜悦，增进亲情和家庭和谐。因此，学习重阳节的饮食习俗对学生来说，既是一种文化的传承，也是一种情感的交流。

扩展习题

　　1. 重阳节时，人们通常会食用（　　　）。
　　A. 重阳糕　　　　　　B. 粽子　　　　　　C. 汤圆　　　　　　D. 月饼
　　2. 在重阳节的传统习俗中，人们通常会饮用（　　　）。
　　A. 桂花酿　　　　　　B. 菊花酒　　　　　C. 梅子酒　　　　　D. 红酒
　　3. "佳节入重阳，持螯切嫩姜"说明，重阳节正是吃（　　　）的好时候。
　　A. 螃蟹　　　　　　　B. 牛肉　　　　　　C. 番茄　　　　　　D. 羊肉
　　4. 有谚语道："喝了萝卜汤，全家不遭殃"，这句话指的是在（　　　）部分地区重阳节会有喝辣萝卜汤的习俗。
　　A. 海南　　　　　　　B. 北京　　　　　　C. 广西　　　　　　D. 山东
　　5. 以下哪种不属于重阳节的传统美食？（　　　）
　　A. 菊花酒　　　　　B. 重阳糕　　　　　　C. 九品羹　　　　　D. 鲜花饼
　　答案：**A　B　A　D　D**

互动交流 4　　重阳节蕴含的传统文化

　　在一个美丽的小镇上，重阳节是每年最重要的节日之一。这个节日不仅意味着秋天的丰收和季节的更替，更是一个尊老敬老、祈求健康、人与自然和谐相处、珍视家庭和亲情的温馨时刻。

小镇上有一个叫小丽的小女孩，她的爷爷是这个小镇上有名的书法家。每到重阳节，爷爷都会为小镇上的居民们书写"寿"字，寓意长寿和健康。小丽非常尊敬和喜爱她的爷爷，她总是想要学习爷爷书法中的智慧和力量。

重阳节前夕，小丽决定要为爷爷准备一个特别的惊喜。她知道爷爷喜欢爬山，于是她邀请爷爷一起去小镇附近的山上登高望远。

清晨，阳光洒在小镇上，小丽和爷爷一起踏上了登山的路。山路崎岖，但小丽紧紧牵着爷爷的手，生怕爷爷走不稳。爷爷笑着告诉小丽："孩子，人生就像这条山路，有时候崎岖不平，但只要我们手牵手，就能一起走过。"

到了山顶，爷爷看着眼前的美景和山上的菊花，感慨万分。他说："重阳节不仅是登高望远的日子，更是尊老敬老、祈求健康的日子。我们要珍惜大自然的恩赐，同时也要珍惜身边的家人和亲情。"

下山后，小丽和爷爷一起回到家中。小丽的妈妈已经准备好了美味的重阳糕和菊花酒。一家人围坐在一起，品尝着美食，畅谈着家常。小丽看着爷爷脸上洋溢的笑容，心里感到非常幸福。

晚上，小丽躺在床上，回想着今天和爷爷一起度过的美好时光。她想到爷爷说的那句话："珍惜身边的家人和亲情。"她在心里默默许下了一个愿望：以后每年的重阳节，都要和爷爷一起度过，一起登高望远，一起品尝美食，一起感受这个充满爱和温暖的节日。

时间过得很快，转眼间又到了第二年的重阳节。这一年，小丽已经学会了爷爷的一些书法技巧，她特意为爷爷书写了一个大大的"寿"字。爷爷看着小丽写的字，眼中闪烁着泪花。他说："孩子，你长大了。我相信你会成为一个有爱心、有责任感的人。"

小丽听了爷爷的话，心里感到非常自豪和感动。她知道，重阳节不仅是一个节日，更是一个传承文化、传递爱心的时刻。她会一直记住爷爷的教诲，尊老爱幼，珍惜亲情，用自己的行动去传递这份温暖和美好。

年复一年，小丽和爷爷一起度过了许多个重阳节。每当这个节日来临之际，小丽都会想起那些和爷爷一起度过的美好时光。那些时光仿佛一幅幅美丽的画卷，永远珍藏在她的心中。她知道，这些记忆将伴随她一生，成为她人生中最宝贵的财富。

1. 请学生说一说，重阳节的哪些习俗能体现人与自然和谐相处、顺应自然的文化，并说一说原因。

2. 请学生在课前邀请家庭成员分享与重阳节相关的家庭故事或回忆，在课上分享给其他人，以此来增进对家庭和亲情重要性的理解。

3. 请学生收集和整理关于重阳节的文化知识，制作一张手抄报，展示给同学们。

评析

了解重阳节的传统习俗和背后的文化含义，有助于学生更好地理解和传承中华民族的优秀文化，培养对传统文化的热爱和尊重；同时，也让学生学会了尊老敬老的美德，懂得感恩和回报家人的养育之恩。此外，重阳节还能够让学生珍惜健康，关注自然环境，培养与自然和谐相处的意识。通过了解重阳节背后的含义，学生也能够感受到家庭的温暖和亲情的重要性，增强对家庭的归属感和责任感。学习重阳节蕴含的中国文化不仅能让学生增长知识，更让学生在品德修养和情感体验上得到了全面的提升。

扩展习题

1. 以下哪个行为体现了尊老敬老的传统美德？（　　　）

　A. 在重阳节这天和朋友们一起玩游戏

　B. 在重阳节这天独自去爬山

　C. 在重阳节这天与长辈吵架

　D. 在重阳节这天帮助奶奶解决困难

2. 重阳节与哪个传统节日一样，都强调家庭团聚和亲情的重要性？（　　　）

　A. 教师节　　　　　　B. 国庆节　　　　　　C. 中秋节　　　　　　D. 劳动节

3. 菊花酒又称（　　　）。

　A. 长寿酒　　　　　　B. 健康酒　　　　　　C. 葡萄酒　　　　　　D. 祈福酒

4. 重阳节体现了人与自然的哪种关系？（　　　）

　A. 人是自然的主宰　　　　　　　　　B. 人与自然和谐相处

　C. 人多力量大　　　　　　　　　　　D. 人比自然强

5. 在日常生活中，我们应该如何对待家里的长辈？（　　　）

　A. 随便对待，没有特别的要求　　　　B. 尊重并照顾他们

　C. 只送礼物给他们　　　　　　　　　D. 不和他们说话

答案：D　C　A　B　B

第十八章 纪念"一二·九"，传承爱国情

"一二·九"运动是一段充满热血与激情的历史，是中华民族抵抗外敌、捍卫民族尊严的壮丽篇章。在许多年前，有一群勇敢的青年学生，为了国家的独立和民族的解放，不畏强权，走上街头，用自己的行动向世界宣告：中国人民是不可欺侮的！他们的勇敢和坚定，不仅激发了全国人民的爱国热情，也为后世留下了宝贵的精神财富。

当我们谈论爱国时，我们不仅仅是在谈论一种情感，更是在谈论一种责任和使命。自古以来，无数的诗人墨客用他们的诗句表达了对祖国的热爱和忠诚。这些诗句不仅是对祖国的赞美，更体现了对祖国深沉的爱。请同学们认真品读以下诗句，感受其中深沉而又热烈的爱国情怀。

1. "男儿何不带吴钩，收取关山五十州。"——唐·李贺《南园十三首·其五》

2. "黄沙百战穿金甲，不破楼兰终不还。"——唐·王昌龄《从军行七首·其四》

3. "苟利国家生死以，岂因祸福避趋之。"——清·林则徐《赴戍登程口占示家人二首》

4. "王师北定中原日，家祭无忘告乃翁。"——宋·陆游《示儿》

5. "九州生气恃风雷，万马齐喑究可哀。"——清·龚自珍《己亥杂诗·其一二五》

6. "一箫一剑平生意，负尽狂名十五年。"——清·龚自珍《漫感》

7. "靖康耻，犹未雪；臣子恨，何时灭！"——宋·岳飞《满江红·怒发冲冠》

8. "愿得此身长报国，何须生入玉门关。"——唐·戴叔伦《塞上曲二首·其二》

9. "可怜报国无路，空白一分头。"——宋·杨炎正《水调歌头·登多景楼》

10. "元嘉草草，封狼居胥，赢得仓皇北顾。"——宋·辛弃疾《永遇乐·京口北固亭怀古》

互动交流 ① "一二·九"运动的背景

在一个秋日的黄昏，老师带着一群小学生来到了一座古老的城楼前。这座城楼见

证了历史的沧桑，每一块砖、每一片瓦都仿佛在诉说着过去的故事。孩子们站在城楼上，凝视着远方的天空，仿佛穿越了时空，回到了那段峥嵘岁月。

老师轻轻地抚摸着城墙，语气沉重地问孩子们："你们知道在多年前的中国曾经有过一次华北危机吗？"

一个孩子抢答道："我知道！华北是我们的家乡，在抗日战争时期曾经经历过炮火的洗礼。"

老师点点头，目光中透露出深深的忧虑，"没错，华北，这片广袤而富饶的土地，曾经是我们国家的根基之一，也是我们民族的重要血脉所在。但在那个时代，它却面临着前所未有的危机。"

老师开始讲述那个时代的故事。日军如狼似虎，步步紧逼，华北的大片土地沦陷，人民生活在水深火热之中。日军烧杀抢掠，无恶不作，整个华北地区笼罩在战争的阴影之下。

"那时的百姓，生活极其艰难。他们不仅要直面战争的残酷，还要忍受饥饿、寒冷和疾病的折磨。"老师的声音低沉而颤抖，孩子们听得入神，眼中闪烁着愤怒和同情。

然而，在那个黑暗的时代，中华民族并没有屈服。相反，他们开始了觉醒和抗争的过程。无数仁人志士挺身而出，为了民族的尊严和人民的幸福而奋斗。

"其中，有一群特别的人，他们是我们今天要重点讲述的主人公——青年学生。"老师的话语中充满了敬意。

在一所充满热血与激情的学校里，一群怀抱理想的青年学生聚集在一起。他们深知只有通过斗争才能改变现状，才能拯救危在旦夕的祖国。于是，他们毅然决然地发起了抗日救亡运动——"一二·九"运动。

"那时，他们高举着'誓死保卫祖国'的旗帜，在街头巷尾振臂高呼，声音响彻云霄。他们的行动虽然激怒了敌人，但却唤醒了更多的人民群众，让他们加入到抗日的行列中来。"老师的话语中充满了激动和自豪。

这群青年学生们不畏强敌、不惧困难，他们坚定地走上了抗争的道路。尽管路途艰辛、困难重重，但他们从未放弃过。他们的坚定信念和英勇行动最终在全国范围内掀起了巨大的反响，激发了全民族的爱国热情。

听了老师的讲述，学生们感动不已。相信通过了解当时中国的情况和人民的反抗，学生们会更加热爱自己的祖国。

1. 请学生结合相关资料，以小组讨论的形式，说一说华北危机的始末是怎样的，为什么会引起当时社会的强烈抗争。

2. 请学生通过查阅相关书籍、资料或观看视频，了解"一二·九"运动之前的中国历史背景，分组进行讨论，说一说自己的感受。

评析

"一二·九"运动是动员全民族抗战的运动,它准备了抗战的思想,准备了抗战的人心,准备了抗战的干部。因此,了解"一二·九"运动发生前中国的背景是非常重要的,它可以帮助学生更好地了解自己的国家和民族,增强学生的民族意识和责任感,同时也可以培养学生对历史的认知和理解能力,提高学生的思想境界和道德水平。

扩展习题

1. 在"一二·九"运动发生前,中国正面临着严重的危机,其中最突出的问题是(　　)。
　　A. 经济困难　　　　B. 交通阻断　　　C. 日军侵略　　　D. 政治腐败
2. 在"一二·九"运动发生前,内战风险加剧,主要表现为(　　)。
　　A. 军队内部矛盾激化　　　　　　B. 地方实力派崛起
　　C. 抗日呼声高涨　　　　　　　　D. 国共对抗激烈
3. "一二·九"运动的发生和影响体现了当时的中国人对国家和民族的热爱和责任感。以下哪个群体在运动中表现出了最为突出的爱国情怀(　　)。
　　A. 工人阶级　　　　　　　　　　B. 小资产阶级
　　C. 学生群体　　　　　　　　　　D. 农民阶层
4. 关于"一二·九"运动的影响,以下哪个陈述最准确地反映了它对后来抗日战争的贡献?(　　)
　　A. "一二·九"运动直接导致了抗日战争的爆发
　　B. "一二·九"运动促使国际社会立即介入并支持中国的抗日斗争
　　C. "一二·九"运动为抗日战争准备了思想、人心、干部,并推动了抗日民族统一战线的形成
　　D. "一二·九"运动使中国共产党在短期内获得了全国范围内的执政权
5. 在"一二·九"运动中,学生们的行动起到了重要的作用。以下哪一项不是学生们在行动中所表现出的精神品质?(　　)
　　A. 勇于斗争的精神　　　　　　　B. 对国家和民族的责任感和使命感
　　C. 对和平生活的向往和追求　　　D. 对个人利益的关注和计较
　　答案:**C　D　C　C　D**

互动交流 ❷　"一二·九"运动的经过

在中华民族面临危机的时刻,一群热血的青年学生挺身而出。他们走上街头,高呼"抗日救国",声援北平,掀起了全国人民抗日救国的新高潮,他们用自己的行动诠释了什么是爱国情怀和民族责任。

那是 1935 年的冬天，华北地区陷入了前所未有的危机。日本帝国主义的侵略行为不断加剧，使得整个中国都笼罩在阴霾之中。然而，就是在这样的背景下，北平（北京）大中学校学生数千人举行了抗日救国示威游行。他们反对华北自治，反抗日本帝国主义，要求保全中国领土的完整。他们的声音响彻云霄，传遍了整个城市。这场由中国共产党领导的大规模学生爱国运动——"一二·九"运动拉开了序幕。

随着抗日的呼喊声越来越高涨，越来越多的人加入到了这个行列中来。学生们走上街头后，各界群众也纷纷响应号召，加入了抗日救国的队伍中来。他们高举标语、旗帜，喊着响亮的口号，走在寒风凛冽的夜晚，用实际行动向人们传递着强烈的抗日情绪。

"一二·九"运动的高潮时期到来时，"冀察政务委员会"计划成立的消息更是激起了人们的愤怒。"冀察政务委员会"作为当时国民党政府的一个傀儡机构妄图使沦丧的中国土地更加支离破碎。"冀察政务委员会"的存在是对中国人民利益的严重侵犯，也是对中华民族尊严的肆意践踏。北平学生和各界群众坚决反对这一做法，并决定再次走上街头示威游行，以示对其成立的强烈不满和对国民政府妥协投降政策的坚决反对。这次示威游行的规模更大、影响更深、持续时间也更长。他们高呼"援助绥远抗战""各党派联合起来"等口号，呼吁全国人民团结一心，共同抵御外敌入侵，保卫祖国领土的完整。

"一二·九"运动的影响是深远的。它不仅推动了抗日民族统一战线的形成，更激发了全民族的抗战意识。在这场运动中，学生们展现了勇于斗争的精神和坚定的信念。他们不畏强权和压迫，勇敢地与敌人进行斗争，为争取民族独立和解放而奋斗不息。他们的行动唤醒了更多人的良知和责任感，使他们认识到国家兴亡，匹夫有责的道理。

"一二·九"运动的精神激励着一代又一代中华儿女前赴后继，为了中华民族的伟大复兴而努力奋斗。

1. 请学生举手回答，说一说为什么"一二·九"运动是抗日救亡的高潮，它有什么特点。
2. 请学生思考：在"一二·九"运动中，学生们采取了哪些行动，他们表现出了哪些精神品质。
3. 角色扮演：让学生扮演当时的青年学生，还原当时参加抗日救国活动的场景。通过亲身体验，感受当时的社会氛围和青年学生的爱国情感。

评析

"一二·九"运动是爱国主义精神的集中体现。青年学生们走上街头，用他们的行动展示了他们对国家和民族的热爱之情，以及勇于斗争、敢于胜利的精神品质。这些精神品质是现代学生学习的榜样，也是学生成长道路上不可或缺的一部分。这场运动激发了全民族的抗战意识，推动了抗日民族统一战线的形成。这告诉学生，只有各民族团结一致、共同抵御外敌入侵才能取得真正的胜利。

扩 展 习 题

1."一二·九"运动是一场由（　　）领导的大规模学生爱国运动。

A. 中国共产党 　　　　　　　　B. 中国国民党

C. 中华民国政府 　　　　　　　D. 国民革命军

2."一二·九"运动标志着中国人民抗日民主运动新高潮的到来，以下哪个观点是错误的？（　　）

A."一二·九"运动准备了抗战的思想基础、人心基础和干部队伍

B."一二·九"运动是中国近代史上一次大规模学生爱国运动

C."一二·九"运动促进了国内和平解决抗日战争

D."一二·九"运动是一场学生爱国救亡的运动

3."一二·九"运动最开始是在哪个城市进行的？（　　）

A. 天津 　　　　　B. 北京 　　　　　C. 上海 　　　　　D. 成都

4."一二·九"运动公开揭露了（　　）。

A. 中国共产党对运动的领导

B. 中国政府的妥协投降政策

C. 日本帝国主义的侵略行为和吞并华北的阴谋

D. 中国人民积极抵抗的态度

5."一二·九"运动标志着中国人民抗日民主运动新高潮的到来，以下哪个说法是不正确的？（　　）

A."一二·九"运动是一场以反对国民党政府妥协投降政策为目标的爱国运动

B."一二·九"运动推动了全国抗日救国的浪潮

C."一二·九"运动是一场伟大的资产阶级的革命斗争运动

D."一二·九"运动是中国近代史上一次大规模学生爱国运动

答案：A　C　B　C　C

互 动 交 流 3　"一二·九"运动的影响

在一所小学里，正在进行着一次严肃的历史课，原来，临近十二月，历史老师王老师在为班级里的学生讲述"一二·九"运动带来的影响。

王老师讲到，在抗日战争全面爆发之前，中国人民的觉醒意识尚有不足。然而，"一二·九"运动犹如一道闪电，唤醒了人们的民族意识，激发了全民族的抗战精神。在这场运动的推动下，"抗日救国"成为全国上下最响亮的口号。学生们走上街头，高呼"抗日救国"，声援北平（北京），掀起了全国人民抗日救国的新高潮。他们的行动

展示了对国家和民族的热爱之情，以及勇于斗争、敢于胜利的精神品质。这种精神品质激励着无数青年学生和广大民众奋起抵抗日本侵略者的进攻。在这场战斗中，我们看到了中华民族团结一致、共同抵御外敌入侵的力量和决心。

在"一二·九"运动中，涌现出了许多优秀的爱国青年骨干力量。他们积极参与抗日的宣传工作，投身到实际的抗日行动中去。他们在学习和生活中接受了严格的锻炼和考验，成了一支支英勇无畏的抗日队伍中的重要成员。这些爱国青年骨干力量的涌现为抗日战争提供了有力的支持。他们坚定的信仰和无私的奉献精神永远值得我们学习。

"一二·九"运动是一场伟大的群众性的革命斗争运动。在这场运动的推动下，国内各界人士纷纷行动起来反对侵略者的暴行和反动政府的妥协投降政策。这场运动促进了中华民族的整体觉醒和团结奋斗精神的发扬光大，同时也促进了社会的进步和发展。例如，在教育方面推动了新民主主义的改革和教育事业的发展；在社会舆论方面揭露了封建主义和官僚资本主义的黑暗面；在经济方面促进了民族工商业的发展等。

听完王老师的讲述，同学们都不禁感动了，纷纷鼓起掌来，大家都被前辈们的爱国情怀和不畏生死的精神所感动。经过这一堂课，王老师也相信学生们会更加热爱自己的祖国。

1. 请学生在小组内讨论，说一说"一二·九"运动中都涌现过哪些代表人物，他们又有怎样的故事。
2. 将全班学生分成若干小组，教师提前准备好竞赛题目和答案，组织一个简单的关于"一二·九"运动相关知识的问答比赛。

评析

学习"一二·九"运动带来的影响能够让学生更加深刻地认识到自己是中华民族的一分子，看到中华民族反抗外来侵略、争取民族解放的力量和决心。在这场运动中涌现了许多英勇无畏的爱国青年骨干力量，他们积极参与抗日的宣传工作，投身到实际的抗日行动中去，他们的坚定信仰和无私奉献的精神永远值得学生学习。"一二·九"运动是一场深刻的思想解放运动。通过学习，学生会更加关注国家、民族的命运，铭记历史，汲取先烈们的智慧和精神力量，努力学习、积极进取，为实现中华民族伟大复兴的中国梦而努力奋斗。

扩展习题

1. "一二·九"运动对以下哪个方面产生了尤为积极的影响？（   ）
   A. 经济发展   B. 民族意识的激发

C. 社会稳定　　　　　　　　　　　D. 军事实力的提升

2. "一二·九"运动对抗日战争的影响是什么？（　　　）

A. 推动了抗日战争的进程　　　　　B. 延缓了抗日战争的进程

C. 没有明显影响　　　　　　　　　D. 加速了抗日战争的失败

3. "一二·九"运动发生在哪一年？（　　　）

A. 1930 年　　　　　B. 1940 年　　　　　C. 1935 年　　　　　D. 1937 年

4. "一二·九"运动中，学生们采取了什么行动来表达抗议？（　　　）

A. 军事威胁　　　B. 游行示威　　　C. 抵制学习　　　D. 消极抗日

5. "一二·九"运动是一场（　　　）运动。

A. 体育　　　　　B. 文化　　　　　C. 环保　　　　　D. 抗日爱国

答案：B A C B D

互动交流 4　纪念"一二·九"运动的原因

王涛是一个充满好奇心和求知欲的小学生。每当历史课讲到那些激动人心的历史事件时，他总是瞪大了眼睛，全神贯注地听讲。有一天，当老师提及"一二·九"运动时，他的眼睛里闪烁着特别的光芒。

老师缓缓地说："'一二·九'运动是一场由青年学生发起并得到广大民众积极响应的抗日救亡运动，它展现了中国人民的觉醒和团结。"听到这里，王涛不禁皱起了眉头，试图理解这背后的深远含义。虽然他还是一个小学生，但对于"抗日"和"救亡"这样的词汇已经有了初步的认识。他知道，这一定是一次非常重要的历史事件。

随着时间的推移，王涛对"一二·九"运动的了解越来越深入。他开始明白，这场运动不仅仅是一场简单的爱国运动，它更是一场深刻的思想解放运动。在那段黑暗的历史时期，学生们高举着"打倒日本帝国主义！"的旗帜，勇敢地走上街头，用自己的声音和行动表达了对侵略者的愤怒和谴责。

这些学生年纪轻轻，却有着超越常人的勇气和决心。他们不怕危险，不怕牺牲，只为了一个信念——保卫自己的家园，保卫自己的民族。他们的行动，让王涛深受感动。中华民族并不是任人宰割的羔羊，而是一个有着坚定信仰和强大意志力的伟大民族。

"一二·九"运动提醒王涛，要时刻关注国家和民族的命运，要勇于面对挑战和困难，要努力为祖国的繁荣富强贡献自己的力量。

在学习过程中，王涛逐渐意识到"一二·九"运动与自己息息相关。他明白，作为新时代的少年儿童，他有着不可推卸的责任和使命。他要铭记历史、缅怀先烈、珍爱和平、开创未来。只有这样，他才能更好地继承和发扬"一二·九"运动的精神，为实现中华民族伟大复兴的中国梦贡献自己的力量。

于是，王涛更加努力地学习知识、提高自身素质、培养创新精神和实践能力。他知道，只有这样，他才能成为有理想、有道德、有文化、有纪律的社会主义接班人。同时，他也希望通过自己的努力，让更多的人了解"一二·九"运动的历史和意义，让"一二·九"运动的精神在新的时代继续传承和发扬下去。

1. 请学生举手回答，讲一讲学习"一二·九"运动的故事后，对中国的民族精神和国家发展有哪些新的认识，在当代社会应该怎样传承和弘扬这种精神。

2. 请同桌之间说一说，在当今世界形势下，为什么要铭记历史、缅怀先烈，应该从"一二·九"运动中汲取哪些精神力量来应对今后的挑战和困难。

评析

通过纪念"一二·九"运动，学生明白爱国主义不仅仅是一种情感，更是一种责任和担当。这种爱国主义精神是我们民族的宝贵财富，也是我们前进的动力，提醒了我们不要忘记历史教训，要时刻警惕外部势力的侵略和干涉。只有铭记历史，才能更好地开创未来。每个人都有自己的价值和尊严，只要我们勇敢地面对困难并努力奋斗，就一定能够实现自己的理想和目标。

扩展习题

1. 为什么要纪念"一二·九"运动？（　　　）

　　A. 因为它是一次有趣的学生活动

　　B. 因为它让我们可以放假休息

　　C. 因为它可以让我们了解历史，铭记先烈的英勇斗争

　　D. 因为它让我们可以玩游戏

2. "一二·九"运动的精神可以帮助我们培养（　　　）。

　　A. 好吃懒做的习惯　　　　　　　　B. 依赖别人的想法

　　C. 民族自信心　　　　　　　　　　D. 不关心他人的态度

3. "一二·九"运动对于我们的民族精神有什么重要意义？（　　　）

　　A. 可以让我们更加团结，增强民族凝聚力

　　B. 可以让我们忘记历史

　　C. 可以让我们不计前嫌

　　D. 可以让我们更加在意个人利益

4. "一二·九"运动对于弘扬爱国主义精神有什么帮助？（　　　）

　　A. 让人们忘记先烈　　　　　　　　B. 没有帮助

　　C. 让祖国经济更加繁荣　　　　　　D. 让人们更加了解和珍惜自己的祖国

5. 为什么纪念"一二·九"运动可以增强我们的民族凝聚力？（　　　）

A. 因为学习历史可以拿到高分

B. 因为可以得到老师的夸奖

C. 因为追忆和学习历史上的重要事件能够加强我们对民族文化的认同

D. 纪念"一二·九"运动与民族凝聚力无关

答案：**C C A D C**

互动交流 5　"一二·九"运动的启示

有一天，正在读小学的方进回到家中，兴奋地跟爷爷说："爷爷，今天我在课堂上学习到了一个历史事件，叫'一二·九'运动，爷爷你了解这个事件吗？"爷爷笑着回答："当然了。"方进接着问爷爷："'一二·九'运动都过去好多年了，它对我们如今又有怎样的启示呢？"

"方进啊，你知道吗？'一二·九'运动是一场为了保卫祖国和民族的尊严而进行的斗争，一场由学生发起、广大群众参与的抗日救亡运动。学生们用自己的行动证明了民族利益高于一切！他们不畏强暴、敢于斗争的精神值得我们学习"，爷爷说道。

"可是，为什么非要用武力来解决问题呢？"方进问。

"孩子啊，有时候，只有用武力才能保护我们的国家和民族不受侵害。但是，我们也要尽量避免使用暴力，要和平地解决争端。最重要的是，我们要始终牢记国家和民族利益高于一切的原则，无论何时何地都要把国家和民族放在第一位。"

"爷爷，那什么是勇于担当的精神？"方进又问。

"勇于担当的精神就是在面对困难和挑战时，能够勇敢地承担责任和使命，努力去完成任务的精神"，爷爷回答道。

"在那个时代，学生们为什么要扛起这个重担呢？"

"因为当时的中国正面临着巨大的危机和灾难，学生们深知这一点，所以他们选择了挺身而出，肩负起了拯救国家的重任。这种勇于担当的精神是我们每个中国人都应该学习的。"

"那我们现在是不是也应该勇于担当一些事情呢？"方进激动地问。

"是的，孩子，我们现在虽然生活在一个相对安定的环境中，但我们也应该时刻保持警醒，关注社会问题，积极投身公益事业。只有这样才算是真正意义上的勇于担当。"

"爷爷，您知道吗？'一二·九'运动最让我感动的就是那种团结一心、万众一心的精神"，方进感慨地说。

"是啊，团结一心是成功的关键。"

"那我们现在怎么才能做到团结一心呢？"

"首先，我们需要信任彼此；其次，我们需要互相支持对方的目标和决策；最后，我们需要努力实现共同的理想和目标。"

听了爷爷的话，方进点了点头，他知道团结一心的重要性，只有大家齐心协力才能够战胜困难和挑战。

"爷爷，您对现在的小学生有什么期望吗？"方进问道。

"当然有啊！现在的孩子们生逢盛世，更应该坚定信念，努力学习，为祖国的繁荣富强贡献自己的力量。"

"那么在学习方面我们应该有哪些收获呢？"方进又问。

"首先要掌握好基础知识和技能，这是你未来发展的基石；其次要具备独立思考和研究问题的能力，这样才能更好地适应未来的学习和工作需求；最后要培养坚韧不拔、勇往直前的精神，这样才能在未来的道路上不断前行。"

听了这些话，方进明白了学习的重要性，只有通过不断地学习和实践才能够成长为有用的人，为祖国和社会作出贡献。

1. 请学生讲一讲在日常生活中，有哪些团结协作的例子。
2. 请学生设计一份宣传海报来介绍"一二·九"运动的背景、经过以及启示。
3. 绘画任务：请学生根据自己对"一二·九"运动的感悟和理解，绘制一幅图画来表达自己的情感和思考。

评析

在当今社会，同样需要学习和传承"一二·九"精神。首先，要引导学生勇于担当责任。无论是在学习、生活中还是面对困难时，都应该敢于承担起属于自己的那份责任。其次，要引导学生团结一心。只有大家齐心协力才能战胜困难、取得胜利。最后，要坚定信念努力学习。只有不断学习和积累知识，才能更好地为国家和社会作出贡献。

扩展习题

1. "一二·九"运动告诉我们，民族利益（   ）个人利益。

　　A. 小于　　　　　　B. 大于　　　　　　C. 等于　　　　　　D. 不一定

2. 通过学习"一二·九"运动，明白要想在当今社会成功地应对各种挑战和困难，我们尤其需要具备（   ）。

　　A. 团结协作的精神，与他人共同解决问题

　　B. 勇于担当的责任感，面对问题时不退缩

　　C. 不断学习的态度，提升自我以适应变化

　　D. 灵活应变的能力，快速调整策略应对新情况

3. 在学习和生活中，我们应该如何发扬"一二·九"精神？（　　　）

　　A. 独来独往，不与同学交流

B. 只关注学习成绩

C. 关注国家大事并认真努力地学习

D. 个人利益至上

4. "一二·九"运动告诉我们，团结一心是成功的关键之一。在校园生活中，以下哪个选项最能体现这一点？（　　　）

A. 嘲笑学习差的同学　　　　　　　B. 带头孤立其他同学

C. 认为自己永远比别人优秀　　　　D. 同学之间互相帮助、共同进步

5. 通过"一二·九"运动，我们可以学到什么？（　　　）

A. 要坚定信念努力学习，为国家富强、民族振兴而读书

B. 只关心自己个人，对国家的任何事情不在意

C. 认为国家利益与自己无关

D. 爱国没有学习成绩重要

答案：B　A　C　D　A

后　记

　　十年树木，百年树人。作为一名深耕青少年成长发展的大学教师，我深刻地认识到，教育的力量是塑造个人、家庭和社会未来的重要基石。我希望能够将多年的教育咨询经验凝结在一本书籍里面，像一盏灯照亮孩子们成长的道路，引领他们走向光明的未来。

　　之所以从主题班会设计入手，是因为在学校的教育教学中，班会这个看似简单的形式，实则蕴含着巨大的潜力。它能够通过丰富多彩的体验式活动，培养孩子们的集体意识、促进身心发展、培养良好习惯；让孩子们学会团结与合作，学会尊重与理解，学会责任与担当。每一次班会，都是心灵的触碰、情感的交流，都应成为孩子们心中温暖的记忆。

　　然而，由于缺乏专业的培训，班主任在组织班会时水平参差不齐，教育效果难以保证。所以我们将多年来做课程设计的理论基础与实践经验相结合，以"纪念日"为主线，针对不同学段的学生特点，撰写了这本《中小学生纪念日主题班会设计》。这本书不仅让班主任在班会设计中有了实用的工具，而且丰富了"大思政"课程体系的内容和形式，提升了班主任思政工作的理论与技能水平。希望通过精心设计的班会课程，让孩子们在参与中感受到爱，在体验中感受到温暖，在学习中获得价值提升，最终实现自我教育和自我完善的发展目标。

　　在此，要感谢所有参与本书编写的专家和教师。其中我完成了全书的统稿和第一章至第六章的内容撰写。徐宝玉老师完成了第七章至第十八章的内容撰写。还要感谢万志全教授、苏忠义先生、白雅君先生、陈素云女士、侯燕妮女士在本书编辑出版过程中提供的支持和帮助。感谢博雅学业职业发展研究中心的张小芸老师积极参与本书的资料搜集和文稿校对工作。

　　让我们携手努力，共同为青少年的生涯发展保驾护航。让每一个生命翩翩起舞。

谷力群

2025 年 3 月于大连